Edvard Kocbek

Literatur und Engagement

hg. v.
Lev Detela u. Peter Kersche

Verlag Kitab, Klagenfurt-Wien 2004

kitab
Verlag

Gedruckt mit Unterstützung des Bundesministeriums
für Unterricht, Wissenschaft u. Kultur

Cover: Wolfgang Schuh
Layout: Michael Langer

ISBN 3-902005-39-4

www.kitab-verlag.com

Lev Detela

DER UNGEWÖHNLICHE SLOWENISCHE VISIONÄR, DICHTER, OUTSIDER
(Edvard Kocbeks Angst und Mut)

Edvard Kocbek, der am 27. September 1904 im ländlichen Milieu der slowenischen Oststeiermark in Sv. Jurij ob Ščavnici / St. Georgen a. d. Stainz geborene und am 3. November 1981 in Ljubljana / Laibach verstorbene bedeutende Schriftsteller und Denker, war der geistige *spiritus agens* der modernen slowenischen literarischen und intellektuellen Aussage. Die europäische neokatholische Idee, die poetische Vision des Kosmischen und die philosophisch begründete Wahrheitssuche bilden die Grundmerkmale seiner geistigen Persönlichkeitsstruktur. Er gilt wegen seiner nonkonformistischen kulturpolitischen Äußerungen, wegen seiner aufrichtigen Partisanentagebücher, die nicht verschönern und auch dem Gegner die menschliche Integrität bewahren, wegen seiner subtilen und zeitweise im ehemaligen Jugoslawien verbotenen Kriegsnovellensammlung *Strah in pogum* (Angst und Mut) als unbequem. Der in den letzten Lebensjahren kranke und sehr zurückgezogen in Ljubljana / Laibach lebende Lyriker, Prosaist, Essayist, Übersetzer (unter anderem von Max Frisch, François Mauriac und Antoine de Saint-Exupéry) und politischer Denker gründete am Vorabend des Zweiten Weltkrieges die linkskatholische Kulturzeitschrift *Dejanje* (Die Tat). Als Partisan wurde Kocbek einer der engeren Mitarbeiter von Marschall Tito und bekleidete in der ersten Belgrader Nachkriegsregierung den Posten des Bundesministers für Slowenien. Später übte er in Slowenien die höchsten politischen Funktionen aus.

Als im Jahre 1951 Kocbeks Novellensammlung *Angst und Mut* erschien, in der er auf eine neue, um

Differenzierungen bemühte objektivere Weise die Geschichte des jugoslawischen Partisanenkrieges literarisch behandelt, wurde das Buch als Verstoß gegen die herrschende „humanistische" (kommunistische) Indoktrinierung scharf verurteilt und Kocbek aus allen Ämtern entfernt. Nach mehr als zehnjährigem Publikationsverbot (er veröffentlichte in dieser Zeit gelegentlich vor allem unter dem Pseudonym M. M. nur in der Zeitschrift der linkskatholischen Priestervereinigung *Nova pot* (Der neue Weg), einige Artikel und Essays) wurde Kocbek in den sechziger Jahren des vorigen Jahrhunderts vor allem als hervorragender Lyriker akzeptiert. Weil er sich aber im Jahre 1975 für die nach dem Kriegsende ermordeten zwöftaudend nichtkommunistische Heimwehrleute (Domobranci), einsetzte, zog er sich erneut den Zorn der politischen Funktionäre zu. Kocbek war auch ein besonderer „Fall" für die geheimen Untersuchungen durch den berüchtigten jugoslawischen Staatssicherheitsdienst Udba. Sein Dossier hat angeblich den fantastischen Umfang von annähernd fünftausend Seiten. Dies erfährt man aus dem Buch *Vmesni* čas (Zwischenzeit) von Miha Brejc. In einem Gespräch mit dem Schriftsteller Boris Pahor in der Publikation Pričevalec našega časa (Zeuge unserer Zeit), die 1975 in Triest anlässlich seines 70. Geburtstages erschien, sagte er unter anderem: „Es handelt sich um das öffentliche Eingeständnis einer Schuld, die uns alle angeht. So lange werden wir nicht die uns verfolgenden Bilder und Alpträume loswerden, so lange wir nicht öffentlich unsere Schuld eingestehen, unsere große Schuld." In den Konflikt griff auch der deutsche Literaturnobelpreisträger Heinrich Böll ein, der die Bedeutung Kocbeks als „Gewissen der Revolution" erkannt hat. Dass Kocbek nach monatelanger und zentral gesteuerter Medienkampagne nicht wie seine Mitstreiter Blažič und Miklavčič vor Gericht gestellt wurde, ist vor allem ein Verdienst

Heinrich Bölls, dessen Appell an Marschall Tito die europäische Öffentlichkeit alarmiert hatte, doch trug Kocbek dauerhafte gesundheitliche Schäden davon, die auch seinen späteren Tod mitverursacht haben.

Kocbeks in deutscher Sprache erschienenen Gedichtbände, *Die Dialektik* (1968), *Dichtungen* (1978), *Aschenglut* (1996), und die zweisprachige Ausgabe *Kocbekovo berilo - Kocbeks Lesebuch* (1997), zeigen deutlich seine eigenwillige dichterische Begabung, die sich von allen amtlichen Manifesten und Gruppierungen distanziert.

Schon im Jahre 1968 publizierte der Verlag Horst Heiderhoff in Frankfurt am Main in der Reihe *ars poetica* unter dem Titel *Die Dialektik* die erste Gedichtsammlung Edvard Kocbeks in deutscher Übersetzung. Dieser schmale Querschnitt durch das lyrische Werk in der Übersetzung von Janez Gradišnik und Dieter Leisegang vermittelte den ersten kurzen Einblick in die Mehrdimensionalität des geistigen Schaffens eines im deutschen Sprachraum fast unbekannten slowenischen Autors. In wenigen charakteristischen Druckzeilen wird das ganze Schicksal des Menschen Kocbek deutlich, das verbunden ist mit dem Erwachen des Selbstbewusstseins einer Nation, die erst recht spät im 19. Jahrhundert zu sich selbst fand. Unter der Oberfläche der Gedichte Kocbeks liegt aber noch eine wesentliche, obwohl manchmal nur angedeutete metaphysische Schicht, in der sich das Glück und auch die Tragödie des Dichters vollziehen, seine Suche nach dem Absoluten und der Wahrheit in der Welt der Pseudowerte, die mitten unter den oft verlorenen echten Werten liegen, und sein Kampf mit den Widersachern. Durch die Zusammenfügung von Gegensätzen, in manchmal nicht logisch wirkenden Wort-Satz-Kombinationen und in der Steigerung der literarischen Ausdruckmittel wird eine neue dichterische Perspektive deutlich. Kocbek ist aber dennoch zu sehr Rationalist, deswegen entwickelt er aus dem Heterogenen und Grotesken kein irrationales System. Gerade die Kräfte der Erde (*Zemlja*, Erde, der erste, 1934 erschienene Gedichtband von Kocbek), die Kräfte seines Volkes und sein dialektisches Christentum sind die Faktoren, die dem Dichter immer wieder neuen Mut einflößen.

In einem Essay aus dem Jahre 1970 über die *drei Zeitabschnitte seiner Dichtkunst* betont er, dass seine erste poetische Wahrheit, die Wahrheit über die Erde war. Der Dämon des Gedichtes war damals für ihn in den Kräften der Natur verankert. Er quälte ihn mit Gemütszuständen des Hirtengottes Pan. Kocbek wurde, wie er schreibt, eins mit der Natur. In seinen frühen Gedichten entblößte er die uralten, zwar schon gezähmten, aber unheimlichen Tatsachen der Welt, und der von ihm dargestellte Mensch versteckte sich verschämt hinter ihnen. Darum war seine erste Gedichtsammlung der Ausdruck der Sicherheit und der zwischenmenschlichen Wärme. Doch seinen jungen Dichterkameraden, die nach Kocbeks Worten schon „Diener der Geschichte" geworden waren, galt er schon jetzt, am Anfang seines Weges, als verdächtiger Outsider. Dessen ungeachtet suchte er vom Ursprung des Schöpfungsgeheimnisses auszugehen, um die Chiffren des nirgends aufgeschriebenen Kodexes zu entziffern. Die Welt wurde zum letzten Mal lebendig und alles, was durch seine Gedichte benannt wurde, erklang, wie er schreibt, feierlich und unsterblich. Doch in dieser uferlosen Welt wurde er fast vernichtet. Es nahte das geheimnisvolle Böse: *sunt lacrimae rerum*. Die Tränen der Dinge, das Unglück der Erde, die Tragödie der Welt, erkannte und erlebte er plötzlich im Unglück des Mit-Menschen.

Am Vorabend des Zweiten Weltkrieges etablierte er sich auch mit dem Essay *Gedanken zu Spanien*, den er als führende Persönlichkeit der slowenischen christlichen Sozialisten im Jahre 1937 in der katholischen Kulturzeitschrift *Dom in svet* (Heim und Welt) veröffentlichte. Er stand unter dem Einfluss der französischen linken Katholiken der Zeitschrift *Esprit,* die sich gegen die rechte *Action Française* und die neue rechte Zeitschrift *Jeune Droite* gewendet haben, im Gegensatz zur offiziellen slowenischen Kirche, die den Aufstand von Franco unterstützte, auf der Seite der republikanischen Kräfte und betonte, dass es sich in Spanien um eine soziale Revolution handele. Wegen des dadurch entstandenen Bruches mit der konservativen Mehrheit der Katholiken gründete er die eigene Zeitschrift *Dejanje,* in der er schon 1939 erklärte, dass *„das neue Europa als Stern großer und kleiner Völker, großer und kleiner Heimatländer und nicht totalitärer Staaten, im Zeichen des Individuums errichtet werden müsse."* Doch er vertritt auch die Meinung, dass nur mit echtem Nationalbewusstsein und mit dem, dem Allgemein-Menschlichen offenen persönlichen Selbstbewusstsein die Explosivität und Expansivität der übertriebenen Nationalismen zu überwinden wären.

Im Zweiten Weltkrieg erlebte Kocbek nach eigenen Worten den historischen Kataklysmus in der Form des Zusammenstoßes von zwei antagonistischen Kräften. Das Poetische überwältigte ihn mit besonderer Wahrheit, man wurde, wie er im Essay aus dem Jahr 1970 sagt, „gespenstisch reif" für „das richtige Spiel". Er glaubte, dass es ihm mit seiner „religiösen Kosmogonie" jetzt möglich wird, als Dichter den nächsten Menschen gänzlich zu erreichen. Auf besondere Art erlebte er plötzlich die Verschmelzung des Menschen mit der Utopie. In den Zeiten der größten Gefahr erkannte er ohne jede Hilfe „die erlösende Verlorenheit des Menschen". Er versuchte in integrativer Denkweise eine bedeutende Leitidee zu finden, mit der der Mensch globaler und objektiver motiviert werden könnte, um ein „neuer, befreiter Mensch" zu werden. Persönlichkeit und Freiheit sind zwar auch nach Berdjajew untrennbar miteinander verbunden, doch die Freiheit in der Gleichheit aller Menschen, die Kocbek aufbauen wollte, konnte nicht in Einklang mit dem kommunistischen Postulat der absoluten Bejahung der historischen kollektivistischen (kommunistischen) Notwendigkeit gebracht werden. Das Schicksal nahm seinen Weg.

Kocbeks poetische Dialektik verwandelte in seinen unorthodoxen Partisanengedichten, die er erst 1963 im Gedichtband *Groza* (Grauen) und 1977 im Zyklus *Pentagram* veröffentlichen konnte, den Tag in den Traum. Das Konkrete und Reale wuchs dabei in das Utopische und Visionäre.

Mit seiner Unterschrift unter die sogenannte „Dolomitenerklärung" ließ er - gutmütig, schon während des Partisanenkrieges als Chef der christlichen Sozialisten - der kommunistischen Partei den Vortritt bei der Ausübung der neu gewonnen Macht. Doch für die Kommunisten ist er wahrscheinlich nur „ein nützlicher Idiot", der sich, nachdem er sich geistig nicht unter das Diktat der kommunistischen Ideologie stellen will, immer mehr auch ein „Verräter".

Seine berühmten (Partisanen)Tagebücher, die er zuerst nur teilweise, in zensurierten Fragmenten und unter größten Schwierigkeiten veröffentlichen konnte, zeigen aber eine scharfsinnige, äußerst sensible literarische Natur, die in einer Welt der geistigen Intoleranz eine freie, demokratische und pluralistische geistige Situation schaffen möchte. Doch war er im Partisanenkrieg immer mehr auf sich selbst und seine christlich-sozialistische Gruppe gestellt. Sehr früh hat er gesehen, dass in den dogmatisch-kommunistischen Kreisen große Angst vor Änderungen, vor der Ungewissheit, die die neuen Ideen vielleicht bringen werden, herrscht. Für Kocbek ist die schöne Welt der allgemeinen Verbrüderung, der starken menschlichen Solidarität, die er in der Partisanenzeit erlebt und unter anderem in Partisanentagebüchern *Tovarišija* (Kameradschaft, 1949), *Slovensko poslanstvo* (Slowenische Bestimmung, 1964), oder *Listina* (Urkunde, 1967 und 1982), beschrieben hat, schnell in die Brüche gegangen. Plötzlich war er, der für die größtmögliche Solidarität plädierte, fast symbolisch aus dem „neuen Leben" ausgeschlossen. Jahrzehntelang war er mit der Enge einiger maßgebender Intellektueller und Funktionäre umgeben, für die das ewige Bremsen der Kritik, die ewige Furcht vor dem, was gesagt werden soll und was nicht. Für diese Funktionäre ist Kocbek zum Hauptproblem ihrer Existenz geworden.

Scheinbar „naiv", ohne sich um opportunistische Erwägungen zu kümmern, sprach er vor seinen Landsleuten auch aus, was er auf einer Reise durch Kärnten als richtig erkannte: Dass es nämlich zwischen Deutschen und Slowenen trotz der schwierigen Geschichte einen „intimen geistigen Dialog", ja sogar eine dialektische Wechselwirkung gibt.

Aus der Erkenntnis, dass Leid und Tod eine größere menschenformende Kraft besitzen als Friede und Wohlstand, entwickeln sich auch vier neoexpressionistisch wirkende Novellen, die er im Sammelband *Strah in pogum* (Angst und Mut) schon nach dem Krieg, im Jahre 1951, veröffentlicht hat. In der romantisch verklärten Novelle Črna orhideja (Die schwarze Orchidee) behandelt er zum Beispiel das Thema vom Wert des schwer erbrachten Opfers. Der Partisan Gregor, der sich in die außergewöhnlich schöne weißgardistische Spionin Katarina verliebt, obwohl er sie erschießen muss, ist der symbolische Träger der unabdingbaren historischen Faktoren und exemplifiziert die enge Verflochtenheit einander scheinbar ausschließender Grundgegebenheiten des menschlichen Lebens, wie sie die im Titel der Sammlung hergestellte Einheit des begrifflichen Gegensatzes von *Angst und Mut* versinnbildlicht. In der Novelle *Blažena krivda* (Selige Schuld) schildert Kocbek den Verrat in einer Partisaneneinheit, in der Erzählung *Ogenj* (Feuer) berichtet er vom fanatischen faschistoiden Kaplan Žgur, der dem von den Besatzungstruppen zum Tode verurteilten Partisanensympathisanten Tone die letzte Beichte abnehmen sollte, doch der Verurteilte ist der moralische Sieger. Interessant ist die an erster Stelle der Sammlung gedruckte Novelle *Temna stran mesca* (Die dunkle Seite des Mondes), die autobiographische Züge trägt. In ihr wird der innere Konflikt eines christlichen Intellektuellen geschildert, der sich angesichts der das Slowenentum und die menschlichen Werte bedrohenden Wirklichkeit des Zweiten Weltkrieges den Partisanen anschließt und dadurch zur Einsicht gelangt, dass Mut und Angst den gleichen Ausgangspunkt in der Gefahr haben.

Die politischen kommunistischen Kräfte haben zusammen mit der damaligen ideologisch gelenkten Literaturkritik diese Novellensammlung fast einhellig abgelehnt, wahrscheinlich weil ihr Autor das erste Mal nach dem Krieg die existentielle und religiöse Thematik und die Auseinandersetzung des Individuums mit dem Kollektiv in die slowenische Literatur einführte.

Kocbeks Bruch mit der Tradition des sozialistischen Realismus und des ideologischen Optimismus begann sich aber schon früher abzuzeichnen, vor allem in seiner Lyrik und Essayistik. Eine wesentliche Rolle spielte dabei auch seine vor dem Krieg erfolgte Annäherung an den Existenzialismus. Vor allem die Problematik der ethischen Werte angesichts einer sie bedrohenden Weltlage verband er mit dem ontologischen Geheimnis des Menschen. Darum überrascht es nicht, dass er, im Gegensatz zu anderen slowenischen literarischen Zeitgenossen, schon sehr früh von Kierkegaard, Mounier, Vercors, Sartre oder Camus beeinflusst, das Dilemma von Gut und Böse und von Angst und Mut im Sinne des Existentialismus zu behandeln versuchte.

In seiner „philosophischen" tagebuchartigen essayistischen Sammlung *Krogi navznoter* (Die Kreise nach innen, 1977), und in den essayistischen Beiträgen *Sodobni misleci* (Gegenwartsphilosophen, 1981), versucht er zu zeigen, dass der Mensch unserer Zeit nur dem Sein zustreben kann, wenn er die Zerrissenheit der Welt am eigenen Leib erfahren hat. In der bemerkenswerten Sammlung *Gegenwartsphilosophen* sind zehn Beiträge enthalten, die Kocbek zwischen 1935 und 1972 in den Zeitschriften *Dom in svet* (Heim und Welt), *Nova pot* (Der neue Weg) und *Znamenje* (Zeichen) erstmals veröffentlichte. In fundierten Essays stellte er dem slowenischen Leser Sören Kierkegaard, Charles Péguy, Theodor Haecker, Graham Greene, Teilhard de Chardin oder Simone Weil vor. Er verstand es, in die Darstellung der Lebensläufe der Geistesgrößen oder der bedeutenden historischen und philosophischen Ereignisse seine ganz persönlichen Gedanken und Empfindungen einzuflechten. Kocbeks dialektische Konzentrate zu den Problemkreisen Christentum und Kommunismus, Individuum und Gesellschaft, geistige Freiheit und dogmatische Repression, steigern die Bedeutung seines literarischen und kulturpolitischen Gesamtwerkes.

Vor allem das menschliche sowie philosophische Rätsel des großen Außenseiters Sören Kierkegaard, über den er schon 1935 einen ausführlichen Aufsatz verfasste, beunruhigte ihn zutiefst. Die philosophischen, religiösen und spezielleren existentiellen Überlegungen des großen Dänen übten auf seine Literatur, auf seine Prosa und Poesie, eine bedeutende Wirkung aus. Diese Einflussnahme hängt mit der Eigenartigkeit des aus den äußeren und inneren Konfliktsituationen sich entwickelten Werks Kierkegaards zusammen.

Seine Bücher gehören sowohl der Weltliteratur als auch der neueren Philosophiegeschichte an, und die Größe seiner Sprache ist ebenso eine künstlerische als auch eine denkerische Leistung. Kocbek erblickte in diesem philosophischen Außenseiter die Geburt der modernen Existenzphilosophie und die Literatur der Entfremdung, die in den Protagonisten eine Veränderung verursacht und zu ihrer Selbstfindung führen kann.

Auch unter diesem Einfluss entdeckte Kocbek, der in die Konflikte mit den geistigen und gesellschaftlichen Gegenpositionen involviert war, nach eigenen Worten in der letzten Phase seiner Wirkung „die dritte poetische Wahrheit". Ihm wurde plötzlich bewusst, dass „die Natur nicht mehr Natur ist und der Mensch nicht mehr Mensch". Als ob der Welt, der Welt der Menschen, die einst wohl ein Herz hatte, dieses Herz abhanden gekommen wäre und zu schlagen aufgehört hätte. Die Erfahrung der zerbrochenen Welt wird plötzlich zum Antrieb seiner neuen dichterischen Aussagen. Er kam zum Schluss, dass die menschliche Identität nur über die Pseudoidentität des entfremdeten zeitgenössischen Menschen zu erreichen ist. Auf dieser Ebene verlieren nach Kocbek alle euklidischen Konventionen ihre Gültigkeit. Seine Poetik gerät jetzt, wie er selbst betont, in den noch schärferen Konflikt nicht nur mit der eigenen Geschichte, die zu lange nur beim Feiern und Selbstvertrauen geblieben ist, sondern vor allem mit der Wissenschaft, die alles reduzieren will, und mit der Technik, die nur reproduziert. Für den Dichter naht darum die Zeit der großen Mutation, in der das ganze Ursein im unruhigen Spiel des Dichters mit den gegebenen Unbedingtheiten zum Vorschein kommen wird. Dies versuchte er mit den Lyrikbänden *Poročilo* (Bericht, 1969), oder *Žerjavica* (Glut, 1977), zu demonstrieren.

Die Geburt seiner neuen Poesie inmitten der nächtlichen Riten, Feierlichkeiten oder Todesstunden erlebt dieser Dichter des Weltenraumes und der dörflichen Kirchen mit den heiligen drei Königen in den slowenischen Weinbergen zusammen mit „seinem Jüngling auf dem Baum" (Titel eines Gedichtes aus der Sammlung *Poročilo*) in einer eigenartigen Sprache, in der sich das Reale mit dem Imaginären berührt. Die heitere Beschwingtheit der Poetik seiner jungen *Erde* aus dem Jahre 1934 verfängt sich jetzt in der Schwere des in der neuen historischen Situation begründeten Leids. Manchmal erscheint Kocbek als ein Träumer, doch das, was er in seinen Versen darstellt, sind nicht Träume, sondern natürliche Dinge und reale Gegebenheiten des schicksalhaft erlebten Lebens, allerdings so erzählt, dass sie als Visionen erscheinen. Oft sind es die parapsychologisch wirkenden Visionen der Destruktion mit den grotesken Gesichtern, die als Porträts der Verlorenen oder Zugrundegegangenen wirken. Die Hoffnung auf die geistige und soziale Erneuerung durch den Kommunismus hat sich nicht erfüllt. Der neue bessere Mensch wurde nicht geboren. Und trotzdem hofft der Dichter, dass es zur Erneuerung, zur „geistigen Revolution des neuen Menschen" kommen wird, kommen muss. Er bleibt auch dem ausgehöhlten Versuch der sozialen Revolution verpflichtet, obwohl er politisch mit seinem christlichsozialistischen Beitrag gescheitert ist und obwohl ihn seine autonome personalistische Radikalität und globale Unabhängigkeit seiner Anschauungen, seine totale (gar nicht slowenische) Unfähigkeit zum Konformismus, in den Augen der kommunistischen Macht und in den Augen der offiziellen Kirche zum fragwürdigen Rebellen und unangenehmen oder sogar komischen Außenseiter, der eigentlich „in eine Irrenanstalt oder ins Gefängnis gehört" (nach den Worten des führenden slowenischen kommunistischen Politikers Edvard Kardelj), gemacht haben.

Kardelj, die rechte Hand von Marschall Tito, stellte schon im Partisanenkrieg fest, dass man Kocbek nicht manipulieren kann. Für die Kommunisten wurde Kocbek nach den Worten dieses späteren Ideologen der „jugoslawischen sozialistischen Selbstverwaltung" „objektiv betrachtet gefährlich".

Auf dem erweiterten Plenum des Zentralkomitees der Kommunistischen Partei Sloweniens am 26. Januar 1952, nach den Polemiken um den Novellenband *Angst und Mut*, sprach Kardelj das letzte zynische Wort über Kocbek: „Wer ist eigentlich Kocbek? Kocbek ist für uns in Wirklichkeit eine Null. Aus Kocbek haben wir während des Krieges zwar etwas zu machen versucht, weil wir das brauchten, aber wir hätten ihn nach dem Krieg ebenso gut begraben können, sodass sozusagen niemand von ihm gewusst hätte, wenn wir auf dieselbe Weise hätten vorgehen wollen ... Mir scheint, dass man Kocbek vor dem slowenischen Volk vor allem lächerlich machen muss, denn im Grunde ist er eine lächerliche Figur ... Von uns hängt es ab, ob diese „Kocbekerei" an Bedeutung gewinnt, oder ob wir sie gleich zu Beginn ohne großen Lärm unterdrücken."

Jetzt musste Kocbek für ganze zehn Jahre aus dem öffentlichen Leben verschwinden, doch man hat ihn, seine Dichtung und seine Ideen, nicht besiegt.

Der Nachbar auf der Wolke (Titel eines grotesken und ironischen Gedichtes aus der Sammlung *Bericht*, in dem „die Mitternacht im Laibacher Regierungsgebäude mit den dort versammelten slowenischen Machthabern des Jahrhunderts, die Tarock spielen, die einzige originelle Stunde des hart angeschlagenen Slowenentums ist") könnte eine der gestürzten Figuren auf einem surrealen Bild von Chagall sein. Dies ist nämlich die Zeit der konfliktreichen Entfremdung, repräsentiert durch die Wahnsinnigen und Unangepassten, und obwohl „die Gegenstände nach unten stürzen" und „alle Wege nach Rom führen", fehlt doch das Wesentliche, das Wahre und das Gute. Die Gedichte Kocbeks wirken immer erregender und abenteuerlicher. Ihre Andersartigkeit bewirkt jetzt eine ungewöhnliche innere Festigkeit, die plötzlich wirklicher erscheint als das reale Leben. Es sind Bilder der geistigen, der seelischen Wirklichkeit, in der die konventionellen Begriffe inmitten des Spiels der Gegensätzlichkeiten von Realem und Irrealem, von Rationalem und Irrationalem, überbrückt werden. Der Weg führt über verschlüsselte Analogien bis zu jenem Punkt, wo neue Erkenntnisse offenbar werden und eine mittelbare Form entsteht, mitgeteilt aus dem Inventar einer verrückt gewordenen Welt, die eine geheimnisvolle, manchmal auch gespenstische und gefährliche Entwicklung durchläuft. In dieser konfliktreichen und ambivalenten magischen Atmosphäre, die aus den Trümmern der verlorenen Illusionen entstanden ist, wächst eine neue dichte dichterische Meta-Welt.

Ganz am Ende seines Lebens, dies ist aus den Gedichten aus dem Nachlass, die erst 1991, also zehn Jahre nach seinem Tod durch die Autoren der jüngeren Generation um die Laibacher Zeitschrift *Nova revija* (Die neue Zeitschrift) in der Sammlung *Kamen skala* (Stein Fels) veröffentlicht wurden, ersichtlich, gerät Kocbek noch radikaler in die traumatischen und paradoxen Grenzgebiete, die sich ganz am Rande des Nichts befinden. Und obwohl sich diese Gedichte auf dem Hintergrund des nahenden Todes abspielen, der schon in der Sammlung *Nevesta v črnem* (Die Braut in Schwarz, 1977), eine zentrale Rolle innehatte, entscheidet sich der Dichter auch jetzt, obwohl kontradiktorisch und paradox, für das Leben, für die Liebe (Erotik und Geschlechtlichkeit waren bei Kocbek nie ein Tabu), trotz allem, trotz des nahenden Todes, für die vitale, auch erotische Bejahung des Lebens - sogar angesichts der absurden Verdunkelung des

Lebensraumes inmitten der Krankheit, des Wahnsinns und einer entfremdeten Welt, aus der sich der alte Dichter, umgeben von seinen unwürdigen Widersachern, auch jetzt mit seiner optimistischen Option für das Menschliche und mit seiner geheimnisvollen, auch ambivalenten Gottsuche immer wieder auf ergreifende Weise erhebt.

Aber schon in den Versen der Gedichtsammlung *Poročilo* spürte man deutlicher als früher die verschiedensten Abstufungen emotionaler Intensität und dichterischer Erfahrung. Aus seiner politischen Verbannung wächst er im Gedicht *Der Pontus* in die neue Freiheit:

...Ich verliere mich schon, ich beginne
zu verstehen, dass ich nichts begreife
außer, dass die Verbannung unwirklich,
aber notwendig geworden ist. Nur
über diesen unglücklichen Vorteil verfüge ich.

Kocbeks Gedichte sind ohne Zweifel - trotz seines Zweckoptimismus - ein Stenogramm des Leidens:

Dir hilft nichts, Pavle,
dir ist keine Kugel bestimmt,
kein Baum
und kein Mühlstein...

(Mein Partisanenname / Pavle war der Partisanenname von Kocbek)

Oder:

Als ich sprach,
sagten sie, ich sei stumm,

als ich schrieb,
sagten sie, ich sei blind,
als ich von ihnen weg ging,
sagten sie, ich sei lahm.

(Nun)

Die Gedichte leben ganz aus dem Zuspruch, wieder irgendwie zu beginnen, sei es auch nur mit dem noch verbliebenen Auge. Eines der Höhepunkte dieses Bandes ist das Gedicht *Lipizzaner*, weil in ihm das Schicksal der Slowenen klar und überzeugend mit Kocbeks persönlicher Tragödie verknüpft ist. Hier spiegelt sich auch sehr deutlich die feine Ironie Kocbeks, mit der er den Mächtigen und den Großen der Geschichte begegnet:

So sprachen die Kaiser in Wien
Französisch mit biegsamen Diplomaten,
Italienisch mit hübschen Schauspielerinnen,
Spanisch mit dem ewigen Gott,
Deutsch mit ungehobelten Knechten,
mit Pferden aber Slowenisch.

Das Menschliche findet sich oft im Überspitzten, im Absurden. Kocbek ist aber Rationalist genug, um aus dem Grotesken und Heterogenen ein irrationales System zu entwickeln.

Oton Župančič, der annerkante, früh kanonisierte, den Reim und die traditionelle Melodik der Verse verteidigende und nach dem Zweiten Weltkrieg durch die Kommunisten als einziger lebender Autor zum „verdienstvollen Volkskünstler" (zaslužni ljudski umetnik) avancierte Dichter der Moderne, kritisierte schon nach dem Erscheinen des ersten Gedichtbandes von Kocbek die angeblich „unangenehme" „Zerstückelung der Verse" (allerdings in neuer offener Form mit freiem, natürlichem Rhythmus) und „das Chaos" seiner Dichtkunst. Der Altmeister der slowenischen Dichtkunst übersah dabei die Tatsache, dass Kocbek schon sehr früh ein originelles Gedicht schuf, das Phantasie und Rationalität, emotionale Intensität mit dichterischer Erfahrung, Moral mit Freiheit verbindet. Kocbek überrascht immer wieder mit assoziativen Veränderungen des freien Verses, mit eigenartiger Metaphorik, die aus der Sprache selbst zu kommen scheint, mit Gedichten, die einem autonomen inneren Rhythmus, und was die Inhalte betrifft, einem besonderen metaphysischen Plan zugeordnet sind. Das Reale berührt sich mit dem Imaginären, das Faktische mit dem Stimmungsmäßigen. Durch die Klimax der sehr effektvollen literarischen Ausdrucksmittel wird eine neue dichterische Perspektive sichtbar.

Seine Gedichte sind oft surrealistisch angelegte Konzentrate von feiner Ironie. Manchmal sind sie melancholisch und tragisch, ein Leidensstenogramm. Sie zeigen Kocbeks eigenwillige Begabung, die deutlich von allen Manifesten und Gruppierungen abrückt. Die Ehrfurcht vor den unabdingbaren Faktoren der Wahrheit und die Lebensbewunderung verbinden sich mit den Paradoxien der Geschichte und der menschlichen Existenz. Er verteidigt leidenschaftlich die geistige und persönliche Freiheit des Menschen gegen jegliche Art politischer Orthodoxie und ideologischer Verallgemeinerung. Und obwohl er sehr wohl die Negativität der kommunistischen Machtausübung, die zur Unfreiheit der Nation und des Menschen führte, sah, versuchte er trotzdem - sogar gegen den Strich - in der Integration mit der marxistischen sozialen Idee im bestehenden neuen System auch die positiven Aspekte zu entdecken. Gerade die Integration der mannigfaltigen sozialen und religiös-geistigen Strömungen sollte aus der noch oft konträren Vielfalt ein neues Ganzes bewirken, den neuen „ontologischen

Mehrwert" des Menschen entstehen lassen.

Kocbek als ein unverbesserlicher politischer und religiöser Utopist und Schwärmer? Kocbek, der naive Träumer, der verletzte Idealist, der Entfremdete, der Ehrgeizige, der die politische Macht „im gesamten Slowenien" (oder sogar Jugoslawien?) übernehmen will? Der Dichter als politisch Verdächtigter. Der Dichter als Verbrecher. Oder doch nur ein präzise denkender alternativer Mitgestalter der Gegenwart, der dieser Welt und diesem Leben einen neuen Sinn geben will? Ein Dichter und Denker, der gerade in der realen Unmöglichkeit der schwierigen konkreten Gegebenheiten langfristig gesehen viele realistische Möglichkeiten zu positiven Veränderungen entdeckt?

In seinen Erzählungen stellt er die Frage nach der Bedeutung der moralischen und politischen Schuld in den Mittelpunkt. Die Beweggründe seiner literarischen Helden versucht er unter dem Einfluß der modernen Existenzphilosophie im Schein der Entscheidungen zwischen „Entweder - Oder" (Kierkegaard) auf dem Wege der Entfremdung oder Selbstfindung zu enträtseln. Obwohl die mit den subtilen Nuancen des menschlichen Innenlebens dargestellte Problematik seiner Kriegserzählungen für den westlichen Leser eher ausgewogen wirkt, wurde sie eine der Hauptursachen für die längere Isolierung Kocbeks im gesamten slowenischen (beziehungsweise jugoslawischen) kulturellen Leben.

Doch bleibt Edvard Kocbek trotz dieser und vielleicht gerade wegen dieser Schicksalsschläge einer der wichtigsten slowenischen Autoren des vorigen Jahrhunderts. Durch ihn ist die kleine und alte slowenische Literatur, die allerdings erst im 19. Jahrhundert als selbstbewuße Literatur erwachen konnte, bekannter geworden.

Edvard Kocbek hat deutschsprachige Lyrik, Max Frisch und andere deutschsprachige und französische

Autoren ins Slowenische übersetzt. Längere Zeit war er Mitglied des internationalen Redaktionsbeirates der Wiener Zeitschrift *Neues Forum*. Kocbeks geistige Welt ist nicht nur eine Spiegelung der slowenischen und südslawischen Nationalprobleme. Sein christliches Plädoyer für eine neue Gesellschaft mit mehr Menschlichkeit und Solidarität ist auch europäisch orientiert und so auch in der jetzigen globalen Weltsituation für eine breitere Öffentlichkeit von Bedeutung. Das postkommunistische Slowenien, derzeit oft preisgegeben den Händen der technokratischen Bürokratie und unterworfen den scharfen unsozialen Bedingungen des kapitalistischen Marktes, sollte Kocbeks kritische Visionen, verbunden mit der religiös motivierten personalistischen Humanisierung des Menschen und der Gesellschaft, neu entdecken. Als Korrektiv. Als eine neue Möglichkeit, das eigene geschichtliche Schicksal im Rahmen des großen, offenen Projekts „Europa" geistig global zu begreifen.

Schon 1939 schreibt Kocbek im Artikel *Mali in veliki narodi* (Kleine und große Völker) in der Zeitschrift *Dejanje*: „Die Zukunft der kleinen und großen Völker liegt in der föderativen Ordnung Europas. Das neue Europa muß ein Stern großer und kleiner Völker, großer und kleiner Heimatländer werden und nicht totalitärer Staaten ... Das neue Europa muß im Zeichen des Individuums errichtet werden, ihm haben die Staatsmaschinierie, die Wirtschaftsordnung und die Geistesbemühungen zu dienen. Alles Bestehende muß zur individuellen Menschenvervollkommnung beitragen." Dieser Gedanke hat bis auf den heutigen Tag nichts von seiner Aktualität verloren.

LYRIK

AUS DEM GEDICHTBAND „ERDE“ (ZEMLJA, 1934)

DIE SONNE SPINNWEBUMWOBEN

Die Sonne spinnwebumwoben,
die Luft vertraut wie in verhangenen
Bauernstuben und in den modrigen Wald
kollert die schwere Frucht die Böschung hinab.
Bald knarrt die Schubkarre
oder rascheln lange Kukuruzblätter
und überm Buchweizen undeutliches Summen
der letzten Bienen.

Freunde, schultert den Rucksack,
macht euch auf in die Weinberge, um der
Windklapper zu lauschen und die Majolika zu füllen.
Zieht den Nebel von den Augen, besprengt die
reifenden Reben mit altem Wein und schaut vom
Winzerhaus ins Tal,
wo junge Frauen im Dämmerlicht
nackte Schritte fürchten.

Übersetzt von Peter Kersche

ZWEI STARKE ROTE OCHSEN

Zwei starke rote Ochsen gehen langsam
die Straße entlang, als ob sie von ihrer
Last nicht wüssten. Der Wagen bewegt sich
in langsamen Stößen, die Kette hängt
vor dem linken hinteren Rad
und schwankt lautlos und in gleichen
Schwüngen, als ob sie den Einklang der Dinge
nicht stören wolle. Den jungen Ochsen tropft
durch den Maulkorb schäumender Schleim und lässt
eine dünne nasse Spur mit runden Knoten zurück.
Ihr rotes glänzendes Fell dampft warm,
und als sie mit dem schlummernden Fuhrmann den Wald
betreten, scheinen sie für ewig zu schwinden.

Nach einiger Zeit sehe ich die roten jungen Ochsen,
wie sie vom Wald den Hang hinaufstreben.
Sie haben sich nicht geändert, unwirklich ist
das Zeitmaß in diesem stillen Land.

Übersetzt von Lev Detela

DÜRRES LAUB RASCHELT

Dürres Laub raschelt in den Bäumen,
Tauben kreisen im Duft der Isabellenrebe
und Katzen dösen auf dem wurmstichigen Zaun.
Auf dem dritten Hof quietscht die Presse,
in den Ohren tönt ein Laut wie der Strahl
ins tiefe Gefäß. Der Wind zieht von Süden herauf
und bringt die letzten Wellen der Wärme.
Die Kinder haben von Trauben klebrige Hände,
ein Unbekannter liegt am Straßenrand
und führt Selbstgespräche.

Alles ist prall gefüllt und jenseits des Missmuts.
An den letzten Grenzen ruht die Erde
erschöpft und verzückt in ihrer Abgeschiedenheit.
Bei der Kirche beginnen alle Glocken zu läuten,
auch der Mensch hat die Augen geschlossen.

Übersetzt von Lev Detela

FRAUEN VON DER ARBEIT KOMMEND

Frauen von der Arbeit kommend kriechen bergauf
zwischen Äckern. In der Abendleere bewegen
sie sich ähnlich der Herde mit bebenden
Nasenflügeln. Plötzlich dem Wald nah
singen sie gedehnt wie Burschen,
und schließlich weiten sich ihre
lang gezogenen Laute kraftvoll und verstummen jäh,
ihre nackten Schritte tönen dumpf
im Rasen nach.

Von den Äckern kommen im Herbst
Frauen, ihre Lieder klingen im Gestrüpp,
vor Trauer möchte ich, sobald ich sie höre,
Erde in den Mund stopfen.

Übersetzt von Peter Kersche

DU BIST MEINEN AUGEN VERBORGEN

Du bist meinen Augen verborgen,
der Dolch für mein Herz,
die Flamme für meine Hand.

Ich bin die Trauer für dein Andenken,
der Weihrauch für deinen Körper,
der Schleier für dein Gesicht.

Wir welken in die lange Nacht,
still auf der Tränke
wie ein Pelikan.

Übersetzt von Lev Detela

INS SCHWARZ DER NACHT FÄLLT REGEN

Ins Schwarz der Nacht fällt Regen, die Welt schrumpft,
ich stehe und kann mich nicht mehr von der Stelle rühren,
mir ist nicht klar, wer mich in Sicherheit bringen wird.

Überallhin ist es gleich finster und weit,
mein Herz spürt die Wärme nicht mehr,
verlassen bin ich von allen.

Geblieben sind mir nur die Vergessenen,
ich koste sie langsam wie eine bittere Frucht,
ich werde essen und leben.

Übersetzt von Peter Kersche

MENSCHEN UND TIERE IM SCHLAMM

Menschen und Tiere im Schlamm, letzte Gräser
an trübes Wasser führenden Straßengräben, Liebes-
hast im Dunkeln, in der Tiefe tosen jagend Wildbäche,
ein Rufen, ein Rufen.

Nur das Gehölz blieb, stumpfsinnige Kerfen
ermatten, der Himmel grau wie ein Toter, verlorenes
Licht brennt, o Gebärmutter des Erinnerungsgrauens,
ein Rufen, ein Rufen.

Wir kehren zurück, ohne zu wissen, zu welcher Stunde wir
zurück sein werden, Regen plätschert, alle Gewässer
sammeln sich, Finsternisse
bedecken die Welt, reich mir die Hand, in der Herzgegend
tönt
ein Rufen, ein Rufen.

Übersetzt von Peter Kersche

SCHLAF EIN, DU RAUSCHEN DER BÄUME

Schlaf ein, du Rauschen der Bäume,
das Tosen der Meereswogen, schlaft ein, ihr Gräser
und niedrige Moose, auch du, scheue Angst, schlaf ein.

Schlaft ein, teure Tiere, schlaft ein,
ihr unbekannten Wesen, auch du, Licht, und deine Diener,
zu klar ist das Leiden auf der Welt.

Schlaft ein, alle Menschen, schlaft ein, ihr Kinder,
ihr traurigen Frauen, schlaft ein, schlaft ein, ihr Toten,
das menschliche Herz ist schon zu lange wach.

Schlaft ein, alle, die ihr mich umgibt, ich werde wachen
für alle, das kleine Licht wird mir leuchten,
schlaft ein, schlaft ein.

Übersetzt von Milena Merlak und Lev Detela

AUS DEM GEDICHTBAND „GRAUEN“ (GROZA, 1963)

DIE WETTE

Der Hund bellt,
er verkündet die Gesetze
der Nacht in die Welt.

Der Mond versinkt
und die schwarze Fahne
schwingt.

Die Übung beginnt,
ich laufe in die Ferne
zu den inneren Kernen.

Doch der Riese bloß
ruht, er kennt
mein Los.

Übersetzt von Lev Detela

HÄNDE

Zwischen meinen Händen lebte ich
wie unter Räubern,
keine wusste,
was die andere anstellte,
die Linke war herzensdumm,
die Rechte aber gescheit aus Geschicklichkeit,
die eine nahm, die andere verlor,
sie versteckten sich voreinander
und verrichteten alles nur halb.

Heute befand ich mich auf der Flucht vor dem Tod
und fiel und stand auf und fiel
und kroch über Dornen und Felsen,
beide Hände waren gleichermaßen blutig.
Ich breitete sie aus wie Opferarme
des großen Tempelkandelabers,
die mit gleichem Eifer Zeugnis ablegen.
Glaube und Unglaube waren eine einzige Flamme,
sie erhob sich hoch und heiß.

Übersetzt von Peter Kersche

GLOCKENSPIEL

Ich weiß noch gut: nach dem Ave Maria
setzen beide Glöckner die große Glocke in Bewegung
und beginnen sie in Schwung zu bringen,
dass die Eichenbalken im alten Gemäuer erbeben
und das schwarze Schmierfett in den Stahllagern schmatzt,
dann aber binden sie flink den gewaltigen Schwengel los,
dass er ausschwingt und an die Bronze schlägt,
und da erdröhnt es feierlich über der sanften Erde,
als spräche der König von seinem Thron.

Dann ergreift mein Vater den Klöppel der alten Glocke,
die Türkensilber in ihrem Metallguss trägt
und beginnt gleichmäßig an ihren Mantel zu schlagen,
und als er die Mitte der Klangstärke der großen Glocke findet,
erzittert mein Herz, denn jetzt packen Großvater und ich
je einen Klöppel der kleinen Glocken
und ordnen uns geschickt wie Tänzer mit ihren Stimmen
links und rechts vom Mittelpunkt ein.

Im Nu fallen wir in übermütigen Gleichklang,
dass die hohen Pappeln um die Kirche erschaudern.
Die Menschen treten auf die Schwellen,
gelehnt an den Türstock,
in den Gärten beginnen die Rosen ergreifend zu duften.
In der Ecke der Glockenstube blinzelt zufrieden die Öllampe,
und als wir kurz einhalten und dann wieder fortfahren,
wissen wir, dasswir große Meister des Musikspiels sind,
wir künden den Festtag an und zittern vor Stolz.

Und am Schluss, als das letzte Summen verklingt,
halten wir ein wie nach einer gut verrichteten Arbeit.
Wir wollen nirgendshin, wir lugen aus den Luken
und lauschen der Stille, die sich zur Nacht sammelt.
Fledermäuse flattern aufgescheucht immer noch hin und her,
die Turmuhr beginnt wieder zu ticken, langsam und laut,
und erst als uns aus dem Tal die Burschen zurufen,

steigen wir die Holztreppe hinab zu den Tautropfen.

Heute Nacht erfuhr ich: der Feind hat meine Glocken
zerstört.
Ich blieb stehen in der Stille, die der Kampf geadelt hat,
und plötzlich erklang es erinnernd in meinen Ohren,
ich vernahm die große Glocke und die meines Vaters,
die noch Türkensilber in ihrem Metallguss trug,
und ich hörte auch die beiden anderen, kleinen,
die sich wie damals ins Spiel einstimmten,
und es bimmelte und hallte traurig und froh
wie zum letzten Abschied oder zur Feier des großen Siegs.

Übersetzt von Lev Detela und Peter Kersche

DUNKELHEIT

Jener, der mit mir sein Spiel treibt,
hat mir die Augen verbunden
und hat mich ums Herz in Drehung versetzt,
dass ich nicht anders bin als der närrische Mond
an der Seite der verlorenen Sonne.

Ich jauchze und tanze,
ich eile und wüte,
ich kann nicht stehen bleiben,
ich suche mein Gegenich,
aber ich finde es nicht.

Jener, der mit mir sein Spiel treibt,
hat die Himmelsrichtungen niedergerissen
und meine Orientierung durcheinander gebracht
und die Fernen auseinander getrieben,
ich bin sein Spaß.

Ich jauchze und tanze,
ich eile und wüte,
ich kann nicht stehen bleiben,
ich muss die Kreise
des Ptolemäus und des Galilei vereinen.

Seht, ich bin der Mittelpunkt der Nacht,
seine verspielte Offenbarung.
Sucht mich, Sterngucker,
die heutige Dunkelheit ist eine Linse,
die ihr noch nie gehabt habt.

Übersetzt von Peter Kersche

DIE BUCHT

Mit lautlosen Rudern
verweilte ich über der seligen Tiefe,
nie sonst hatte ich
bis an den Weltanfang selbst
geblickt wie in jenem Mondlicht.

Die Bucht der Erinnerungen lag
mitten unter unentdeckten Inseln,
das Muschelboot befestigte ich
zwischen die vorsintflutlichen Fische,
von Ungeborenen betrachtet.

Wir zwei schlugen auf ein Zelt
aus Papierdrachen,
errichteten die Schlafstelle aus Tigerpranken,
die Finsternis aus erloschenen Johannisfeuern
und eine Luke aus Verletzlichkeit.

Als ich sie in den Zauberkreis legte
zwischen Wunder und Gegenwunder,
begann sie zu prophezeien
und in der Seligkeit erinnerte sie sich
ihres ewigen Namens.

Die Liebe verdunkelte in ihr
durch freigiebige Erscheinungen,
auserwählt durch die Gewalt
unaussprechlicher Heiligkeit,
die langsam und zart ist.

Da erfand ich mich
und die Mannigfaltigkeit der Handflächen
und sprach Worte,
die niemand künftig
wiederholen kann.

Übersetzt von Lev Detela

DER NÄCHTLICHE RITUS

Das Haus sank unter die Baumkronen,
der Wind kniete vor der Türschwelle,
die Angst zog den Schwanz ein,
Sterne reihten sich ein,
die Engel haben die Nacht
der Verehrung ausgesetzt.

Die Erde ist das Weihrauchgefäß,
die Dunkelheit die Feuerglut
und der Mensch der Weihrauch.
Ich falle auf das Feuer,
ins süße Glimmern,
schon bin ich voller Duft.

Übersetzt von Lev Detela

WIR BEIDE

Schau, du bist da
und ich bin hier,
zwei gute Unbekannte.

Und du bist jetzt,
und ich bin jetzt,
beide sind wir endlos in Bewegung

Sind beide Ich,
sind beide Du,
sind beide Geistes Rätsel.

Wir sind das Was
und das Warum,
beide der Liebe Schlinge.

Übersetzt von Lev Detela

IM FREILICHTKINO TIVOLI*

In der Menge sitze ich bei Nachtanbruch
und blicke feierlich zur Leinwand,
soeben heulten Motoren auf,
der Pilot fuhr wie ein Blitz
aus dem schwunghaften Film in die Sonnwendnacht,
jagte rasend auf die Schallmauer
zu und durchbrach sie mit einem mächtigen Knall,
er raste jenseits schwindelerregend weiter,
so dass der alte Vorhang entzweiriss
und der Jahrmarkt sich in der Milchstraße zeigte,
der ungeheure Raum fing an zu toben,
um mich her begann man
den großen fremden Herrscher zu feiern.

Da überkam mich das Grauen,
der Sonnwendabend unter Barbaren begann.
Meine Stunde schlug: zu Hilfe
rief ich Beschwörungsformeln,
Prophezeiungen, Wunderwerke und Zauberzeichen
und alles, was die Teufel bannen kann.
Und es kamen die Kinder von Bethlehem,
vernichtete Azteken, gefolterte Mädchen
und Neger mit Trompeten, fröhliche Irre,
und alle Qualen, geordnet nach dem Traumalphabet,
wie dunkle Wimpern werden sie sich neigen
von allen Seiten über mich, die gefangene Geisel,
wenn sie mich heute nacht nach Babylon abführen.

Übersetzt von Lev Detela

*Kino Tivoli: in den ersten Nachkriegsjahrzehnten beliebtes Freilichtkino im Laibacher Park Tivoli (A. d. Ü.).

DIALEKTIK

Baumeister - Gebäudeniederreißer
Ärzte bloß Todesannäherer
Feuerwehrleute -
verstohlene Anfeuerer der Brandstifter
behauptet die Dialektik mit Klugheit.
Die Heilige Schrift äußert sich ähnlich:
Das Oberste muss zuunterst
und der Ersterseinwollende wird zum Allerletzten.

Das Gewehr des Nachbarn ist geladen.
Das Mikrophon unterm Bett verborgen,
und die Tochter ist beim Sicherheitsdienst.
Opfer des Gehirnschlags wird der Nachbar.
Ohne Strom bleibt das Mikrophon
und die Tochter begibt sich in den Beichtstuhl:
Jeder klammert sich an den Hammelbauch
auf der Flucht aus Polyphems Höhle.

Misstönende Nachtmusik
durchbricht das Zirkuszelt.
Schlafwandler betreten das Hochseil
und flattern unsicher mit den Armen.
Tief unter ihnen schreien Freunde,
um sie rechtzeitig zu wecken,
denn das Oberste muss bekanntlich zuunterst.
Und wer schläft, soll noch tiefer schlafen.

Übersetzt von Peter Kersche

WANDERUNG

Die Pferde auf der Weide
springen die ganze Nacht
über die Abgründe des Mondscheins.
Die Frauen lauschen
dem Knarren des Mobiliars,
die Kinder fallen im Schlaf
aus den Betten,
die Männer erwachen
mit dem Kopf am Fußende ihrer Liegestatt.
Der Nachtwind
hält Betrunkene
in schräger Verwunderung,
in der Begegnung mit Erscheinungen.
Das leidende Licht
erweckt Verstorbene
und füllt mit ihnen
die Pilgerfahrten.
Die Heiligen auf alten Gemälden
neigen die Köpfe,
Türe öffnen sich
von selbst,
wir beginnen unsere Wanderung.

Übersetzt von Lev Detela

AUF DEM FELD

Ein Baum, ein Wort, ein Mensch,
drei Einzelgänger
in der Ebene.

Sie blicken einander an,
zeitlos verbunden
in der geheimen Erinnerung.

Der Baum ist die Stille,
das Wort ist der Vogel,
der Mensch ist das Ohr.

Das Schweigen, der Vogel
und das Ohr warten:
Wo ist der Wind?

Die Frage ist die Liebe,
die Liebe ist der Wind
und der Wind ist der Anfang.

Jetzt rauscht der Baum,
der Vogel fängt zu zwitschern an,
der Mensch singt.

Ein Baum, ein Wort, ein Mensch,
drei Freunde
seit immer.

Übersetzt von Lev Detela

WER BIN ICH?

Nie bin ich der,
von dem man denkt, dass ich es bin,
und nie befinde ich mich an dem Ort,
an dem mich die Augen erblicken.
Die Feinde halten mich
für den Thronnachfolger,
die Freunde sind überzeugt,
ich sei Geheimdiakon,
und die Spaßvögel sehen mich
im Tagebuch
einer untergegangenen Flotte,
auf der Suche nach Neuland, modern.
Ich aber knie mittags
mitten in der Wüste und schreibe
nach dem Diktat der Stille in den Sand,
gegen Abend knirsche ich
im gefährlichen Riss
des Turms zu Babylon,
mitternachts aber lege ich mich ergeben
zwischen die goldenen Degen
auf Hamlets Terrasse.
Und erst gegen morgen
sitze ich den Fernen
hinter sieben mal sieben Mondlichtern auf
und reite der freigiebigen Rose
entgegen,
bereit zum Ausbruch,
einmal wird sie dem überheblichen Jahrhundert
ins Antlitz blicken
und das Jahrhundert wird erröten.

Übersetzt von Peter Kersche

MELODIE

Wind weht
zu den letzten Dingen
und hält ergriffen still
wie das Echo im Schrei -
und schon bin ich gefangen
in zarter Umarmung,
sicher und versteckt
im fernen Reiz,
die Sonne in der Frucht.
Das Fremde
wird vertraut,
und all mein Wissen
erstrahlt im Abgrund.
Alles vermengt sich
zum bunten Regenbogen
über dem Überstandenen
und hinter all dem Bekannten
geht der Weg ins Unbekannte
und in die tiefe Wunde,
die mich immer stärker reizt.
Meine Abwesenheit wird groß sein
und ein seltsam geheimnisvoller Leichnam,
unendlich oft wird
der Traumvogel ihn überfliegen müssen.

Übersetzt von Peter Kersche

GEBET

Ich bin,
denn ich war
und jedem
steht es zu
mich zu vergessen.

Und dennoch
bekenne ich:
ich bin
und ich war
und ich werde sein
und deshalb bin ich mehr
als das Vergessen,
unendlich mehr
als die Verneinung,
unermesslich mehr
als das Nichts.

Alles ist ewig
im Entstehen,
die Geburt stärker
als der Tod,
beständiger
als Verzweiflung und Einsamkeit,
mächtiger
als Lärm und Sünde,
ruhmreicher
als Verworfenheit.
Nie
werde ich aufhören zu sein.
Nie.
Amen.

Übersetzt von Lev Detela und Peter Kersche

AUS DEM GEDICHTBAND „BERICHT“ (POROČILO, 1969)

DER WAHNSINNIGE

Jede Nacht
erwarte ich ihn stets,
wenn er an die Kreuzung kommt
zwischen Cankar- und Župančičstraße.*
Jedes Mal bleibt er stehen,
um festzustellen, dass er sich verirrt hat.
Die beiden Straßen kreuzen sich vielsagend
und gehen andauernd auseinander
in alle vier Himmelsrichtungen.
Um Mitternacht wird der Riese aufgeweckt
und gefährlich gereizt,
er dreht sich allemal schnell um,
um sich aus dem Hinterhalt zu retten,
jedes Mal spricht er die Formel
einer erbarmungslosen Strategie aus,
mit gewaltigem Nacken steigt er in die Dunkelheit,
er überspringt die Jahrzehnte
und wiederholt das Kampfspiel.

Jedes Mal folge ich ihm
aufs neue betäubt,
der Riese ist derselbeundgleiche,
die Last ist ihm gleich schwer
und die Aufgabe ist unverändert,
doch ich bin von Nacht zu Nacht
immer mehr außer Atem und unruhig,
immer schwerer rette ich mich
von der Kreuzung der beiden Straßen,
die Cankarstraße schwankt
zwischen Trubar und Prešeren,**
die Župančičstraße aber zwischen Grintovec***

und den babylonischen Türmen.
Ich taumle hinter dem Riesen,
plötzlich sind wir beide gleich,
wir finden nicht mehr aus dem Urwald,
nur wir sind übergeblieben
von der wahnsinnigen Brigade.

Übersetzt von Milena Merlak und Lev Detela

* Cankarstraße, Župančičstraße: zwei nach berühmten slowenischen Literaten benannte Straßen im Zentrum von Ljubljana (A. d. Ü.).
** Trubar, Prešeren: Begründer der slowenischen Literatur (A. d. Ü.).
*** Grintovec: ein 2558 m hoher Gipfel in den slowenischen Alpen (A. d. Ü.)

DER NACHBAR AUF DER WOLKE

Nur den Mund musst du öffnen,
alles andere wird das Transistorgerät erledigen,
es genügt, wenn du an morgen denkst,
die Tagesordnung wurde vom Horoskop bestimmt,
und wenn du keinen Geschlechtsverkehr gehabt hast,
wird dich die Rubrik in der Wochenzeitung ansprechen,
für das übrige ist in der Irrenanstalt Studenec* vorgesorgt
oder in einem Schweizer Tresor.
Für jeden Tag gibt es neun mathematische Operationen,
für die Nacht aber drei wesentliche Vorsprünge.

Im Hof vermehren sich die Flaschen,
neben ihnen wachsen die Wolkenkratzer,
der Nachbar aus dem dreizehnten Stock steigt
nachmittags auf die Wolke und geht spazieren,
er überprüft die Weltlage, alles ist in bester Ordnung,
so gern beobachtet er die Schrebergärtner
und verwechselt sie immer wieder mit den Schriftstellern.
Seine Frau sieht im eigenen Mann den fliegenden
Gegenstand,
am Bischofssitz wird aber Napoleon wütend,
weil er Ljubljana mit Salzburg verwechselte.
Diese Missverständnisse dauern bis fünf Uhr nachmittags,
als hinter dem Rožnikhügel** der alte Löwe zu brüllen
beginnt
und ihm die Bande aus Šiška*** zulächelt.
In der Krainer Sparkasse kribbeln die Termiten
und beginnen den Ideenbau zu zersetzen.
Und erst um Mitternacht beruhigen sich im
Regierungsgebäude
die dort versammelten Machthaber des Jahrhunderts,
um Tarock zu spielen,
es ist die milde, einzige originelle Stunde des
Slowenentums.

Übersetzt von Milena Merlak und Lev Detela

* Studenec: die berühmte psychiatrische Klinik bei Ljubljana (A. d. Ü.).
** Rožnik: Hügel mit der bekannten Kirche, bei Ljubljana (A. d. Ü.).
*** Šiška: Stadtteil von Ljubljana (A. d. Ü.).

KATZENAUGEN

Die Fotografie blieb hinter dem verstaubten Glas hängen,
noch immer sieht er so aus, wie er einmal war,
jung und schlimm, mit dem Paten im Rücken,
die Schwarzwalduhr neben ihm ist stehen geblieben,
nachts erglänzen in seinem goldenen Zahn
die schlauen Katzenaugen der neuen Straße.

Die Linde im Hof protzt mit der Üppigkeit,
die Zäune um den Garten sind schief,
es gibt ihn nicht mehr, als ob sie ihn im Gefängnis
vergessen hätten oder er nach Kanada ausgewandert wäre,
beim Nachbarn ertönt Radiomusik, die Hühner hören
dem hochberühmten Sänger zu, den es schon lange nicht
mehr gibt.

Hundert Jahre sind es her, als sie ihn erschossen haben.
Die Frau verlor den Besitz und das Gedächtnis,
die Söhne gingen in deutsche Fabriken,
die Tochter landete in fremden Betten,
am Himmel leuchten freie Sterne,
die schon längst erloschen sind.

Die Fotografie blieb hinter dem verstaubten Glas hängen,
noch immer sieht er so aus, wie er einmal war,
er wartet noch immer, doch von nirgendwo kommt der
Freund
mit dem Märchen oder der Fremde mit der Wahrheit,
nur die taube Großmutter hört zu Mittag die Glocke,
die sie schon im Krieg durch das Fenster geworfen haben.

Übersetzt von Milena Merlak und Lev Detela

PAPAGEIEN

Die Termiten haben diesen Landstrich heimgesucht
die Brücken und Denkmäler ausgehöhlt,
die Tische und Betten zerfielen zu Staub.
Die Bazillen haben sich in Laboratorien verkrochen,
sie haben sich auf den reinen Instrumenten angesiedelt
und haben flugs gelehrte Männer überlistet.
Alles ist unheimlich still vor sich gegangen.

Bei uns vermehren sich in Windeseile Papageien,
grüne und gelbe kreischen
in den Gärten, Häusern und Küchen auf,
gefräßig, unflätig und pöbelhaft
drangen sie in Bade- und Schlafzimmer
und siedelten sich zuletzt in den Menschen an.
Alles ist unheimlich laut vor sich gegangen.

Niemand unter uns kann noch lügen
und niemand vermag die Wahrheit zu sagen,
wir sprechen die Sprache eines unbekannten
Volksstamms,
wir schreien, fluchen, schluchzen, heulen,
wir reißen das Maul auf und strengen die Augen an,
sogar der Hofnarr verfiel dem Wahnsinn
und keift wie all die anderen.

Irgendwo stehen Männer im Kreis
und blicken in die ruhige Mitte,
sie stehen unbewegt und schweigen selig,
ihre Schultern werden unter der alten Last
der Stille immer breiter.
Wenn sie sich plötzlich wenden,
werden die Papageien in uns verenden.

Übersetzt von Peter Kersche

DIE MASSEN

Wir strömten auf den Platz
wie der Fluss ins Meer,
stießen ineinander
und verkeilten uns im Gedränge,
man steckte uns die Fahnen
in das gebeugte Rückgrat,
jetzt flattern sie im Wind
und in der feierlichen Musik,
und doch ist dies weder die heilige Messe
noch der bekannte Zirkus Slavija.

Alle suchen wir in der gleichen Richtung
und doch durchstoßen wir nicht die Einbildung,
alle lauschen wir in dieselbe Richtung
und entlarven nicht die Sinnestäuschung,
der unbekannte Riese spricht
über die wachsenden Mondflecke,
wer nur kann, schließt die Augen
und macht Wellen wie das Meer,
das nur sich selbst und
seine einfache Kraft kennt.

Der Riese springt und schreit,
er ist zu einsam und zu gescheit,
er stemmt sich hoch und geht irgendwohin,
wir hören nur noch den Wind vom Meer,
und schon sind wir ein einziges altes Meer,
wir messen die eigene Breite und Tiefe
und blicken in den eigenen reinen Grund,
auf dem versunkene Schiffe ruhen,
ihre bärtigen Kapitäne
schlafen stehend und stets bereit.

Da erfreuen wir uns still
unseres altertümlichen Gedränges,
wir schauen einander schamhaft an
und lehnen uns aneinander mit den Schultern,
flüstern uns berauscht zu:
Gern bin ich unter euch
und ich weiß nichts anderes,
als dass ich gerne unter euch bin.
Alle flüstern im Rausch,
wir sind alle das Meer vor dem Sturm.

Übersetzt von Milena Merlak und Lev Detela

ÜBUNG

Im Interesse der eigenen Sicherheit
empfehle ich folgende Übung:
gelegentlich wende man sich plötzlich
und zur Gänze einem fremden Weltstrich zu,
und zwar mit jenem Augenzucken, mit dem man einst das Mondlicht
auf der Sonnenuhr entdeckte,
unsichtbare Fußspuren an der Zimmerdecke
und die Mitternacht eines fremden Kaiserreichs,
denn in unserem Schloss spukt
die offene Phantasie des wilden Manns.
Deshalb empfehle ich folgende einfache Übung,
möglichst oft blicke man ruckweise in eine
beliebige Weltrichtung, und man möge sich nicht erschrecken,
wahr ist nur das Unverhoffte,
Verdeckte, Unangenehme und Unerklärliche.
Heute wird man unter Umständen auf ein unverbindliches
Lehrprogramm stoßen.
Der Skorpion wird über den Rock der Frau kriechen,
im Türschloss wird sich der Nachbar drehen,
die Welt wird auf dem Bildschirm untergehen,
der Fauteuil wird sich auf den Weg nach Japan machen,
auf dem Bett wird Safran zu blühen beginnen,
im Kamin werden Eisberge in Brand geraten,
Kinder werden Fenster zumauern,
am Spinnfaden wird die Kasse baumeln,
in der Glühlampe wird das Mathematiksystem abstürzen,
die Uhr wird zwölf um halb drei schlagen
an der Mauer wirst du Menetekel ufarsin lesen.

Übersetzt von Peter Kersche

ERSTE BEGEGNUNG

Sie blieb stehen
sonnenglutumflossen
und wandte ihr Antlitz mir zu,
da entglitt ihr die Welt:
Häuser, Bäume ...
Die verspielten Wiesen der Kindheit ...
und alles stürzte hangab
und formte sich neu.
Ich stieg hinab in heimliche Räume,
da barst krachend der Damm der aufgestauten
Erinnerungen.
Düfte betäubten mich, im Zauber versank ich.
Dunkelheit umfing mich, barg mich.
Ich tauchte spät erst empor aus dieser Flut der
Verwirrung.
Wortlos neigte ich mich ihr zu
und Wärme empfing mich, durchdrang mich.
Behutsam umgab ich sie
mit ihrer Welt:
mit Häusern, Höfen, Zäunen, Ställen,
mit Heu und Mondschein, mit Weinen und Lachen.
Zuletzt fügte ich sachte den Kirchturm hinzu,
damit es ja nicht bimmelt.

Umdichtung Peter Kersche

GLASUNTERRICHT

Die Dinge sind aus Holz, Stein oder Zellstoff,
oft auch aus Papier und Zement.
Wir umgeben, verteidigen und verstecken uns mit ihnen.
Wir haben noch andere Stoffe, durchsichtige zum Beispiel.
Wir kennen die unbetastbare Durchsichtigkeit, die Luft,
und die brechbare Luft, genannt Glas.
Glas zählt zu den geheimnisvollen Stoffen,
mit ihnen muss man zart, vorsichtig umgehen.
So zum Beispiel mit den Scheiben in den großen Fenstern,
wir wissen nie, auf welcher Seite wir uns befinden.
Die Vögel stoßen an die gewaschenen Scheiben,
an ihnen brechen sie sich die Schwingen,
der Mensch aber baut sich die Häuser aus Glas
und jeder ist stolz auf seine gläsernen Augen,
Glasmasse ist die gezähmte Wutkrankheit.
Als die Glasschneider die Scheiben einlegen,
singen sie deshalb gerne geheimnisvolle Lieder,
ihre Handschuhe werden nie blutig.
Sie ähneln den Einbrechern, die sich
für stille Abstiege in Diamanträume üben.
Die Oberflächen der Scheiben spielen gerne mit uns,
heute fuhr ich im rasenden Fahrzeug
und erblickte in der beschatteten Scheibe neben mir,
wie sich an mir vorbei lustig
zwei andere Fahrzeuge trafen und sich in der Glasfläche
plötzlich verschlungen haben, träumerisch still, ohne Lärm,
für den Augenblick und für die Ewigkeit.

Übersetzt von Milena Merlak und Lev Detela

DIE RAKETE

Der Mondschein ist gefährlich,
sprachen die Mütter,
die Mondwandler auf den nächtlichen Dächern
sind sehr verdächtig,
urteilten Väter,
dennoch blendete die Kinder
das Feuerwerk der betrunkenen Massen,
dieser mathematische Ausflug der Gewalt auf den Mond
ist aber der größte Schwindel aller Zeiten,
das besessene Wiederholen der drehbaren Welt,
gefangen in Tod und Finsternis.

Die Zeit ist geheimnisvoller als der Raum,
Geschichtsbücher sind schwerer als Atlanten,
die Erde ist der bunteste Regenbogen
und der Mensch ist heißer als die Sonne,
unter den hellen Cherubinen
ist jedoch die Flamme des Geistes am wenigsten gehemmt,
die brennende Rakete mit dem Namen Palach
hat die Geschichte
von Grund aus durchmessen,
sogar durch schwarze Brillen
wurde die verqualmte Nachricht entziffert.

Übersetzt von Milena Merlak und Lev Detela

GRÜN

Als ich stehen blieb und mich widersetzte
und als ich nicht mehr mit ihnen rennen wollte
und als ich nach einiger Zeit die Augen öffnete
und in die fremde Stille blickte,
war plötzlich alles grün,
Erde, Himmel, Luft und Weite.
Und als ich genauer hinblickte,
war auch alles andere grün,
die Straße, Bäume, Wolken und Vögel,
die Sonne war grün und alle Maßstäbe grün.
Und als ich auf meine Hände und Finger blickte,
war alles, alles grün. Und als ich in sie biss,
spritzte das Blut grün.
Ich schrie, alle Schreie grün.
Vor Wut lief ich los, die Schritte grün.
Alle Geräusche grün und die Stille grün.
Auch das Gras grün, die Erinnerungen grün.
Das Licht grün und die Dunkelheit grün.
Und mein Schluchzen grün
und überall die Hecken grün.
Und als ich grün sprach
und als ich das Grüne zu verwünschen begann,
dieses Immergrün, Grünschön, die grüne Flur,
Grünzeug, Grünkohl und Grünkraut,
wusste ich, auch die Verzweiflung ist grün.
Da erkannte ich,
die unzuverlässige Hoffnung ist verwildert
und giftig ergrünt.

Übersetzt von Lev Detela

MIT EINER SAITE

Die Gegenstände stürzen nur nach unten,
alle Wege führen nach Rom,
die erogenen Zonen des Körpers
zeigen in eine einzige Richtung,
wir leben unseren nicht entfremdeten Tod,
die verlangsamte Explosion
ist traurig freigebig,
wir brauchen die Erinnerung nicht anzustrengen,
und das Blut, das unter unseren Füßen spritzt,
beunruhigt uns nicht,
keiner kann sich verirren,
alle Spiele sind erlaubt,
wir können eine ganze Nation umsiedeln
oder eine schöne Frau vierteilen,
wir können erklären, dass wir
den morgigen Tag absagen, wir können
von gestrigen Verwechslungen leben
und den Fehler im Überbleibsel nicht entdecken,
unsere Sicherheit bleibt alle Tage fest
außer am Sonntagnachmittag,
als sich still die abwesende Gottheit nähert
und uns gefährlich anständig anblickt,
auf keiner geographischen Karte jener Karte
und in keiner Geschichtsstunde jenes Gespräches.

Übersetzt von Milena Merlak und Lev Detela

MELODIE

Der Mond auf dem Hügel, nirgends ein Hügel,
der Wind in der Landsenke, keine Landsenke,
auf dem Teich das Boot, das Boot fehlt.

Du bist bei mir, du existierst nicht,
ich hebe die Hand, die Hand ist nicht vorhanden,
der Wind blendet meine Augen.

Du warst ich, ich war du,
inzwischen gibt es weder mich noch dich,
es gibt nichts und niemanden.

Übersetzt von Peter Kersche

AUSFLUG

Das Bein streift hin und her und spricht,
irgendwo hier war es wohl,
die Hand tastet und flüstert,
gerade hier war es wohl,
und die Erinnerung beunruhigt sich,
schau, Meteoriten am Himmel
und auf Erden ein Körpergedränge.
Ich aber schaue, suche,
stelle fest, nirgends Spuren.
Ozon riecht nach Urkraft,
die Erde wütet grün,
der Himmel erscheint unheimlich fremd,
an welcher Stelle befand sich damals mein Geist,
nirgends eine Spur nach mir.
Die Gegend hat mich ausgestoßen,
nie bin ich hier gewesen,
ich existiere gar nicht mehr.

Übersetzt von Peter Kersche

NUN

Als ich sprach,
sagten sie, ich sei stumm,
als ich schrieb,
sagten sie, ich sei blind.
als ich von ihnen wegging,
sagten sie, ich sei lahm.
Und als sie mich zurückriefen,
stellten sie fest, ich sei taub.
All meine Sinne brachten sie durcheinander
und entschieden, ich sei wahnsinnig.
Nun bin ich glücklich.

Übersetzt von Peter Kersche

DER PONTUS

Da, wo ich bin, ist der Pontus.
Pontus bedeutet Verbannung,
die ans Paradies gemahnt,
aber ans Paradies erinnere ich mich nicht,
denn der Verbanner verbannte gründlich
und verschwand,
nur die Verbannten ließ er zurück.

Wir hören einander an,
verstehen uns kaum noch,
wenn wir die Felder bestellen
und die Flüsse dämmen,
unsere Gewohnheiten - vergeblich,
unser Schmerz - nichtig,
fort der Große Verbanner.

Verbannung wurde Freiheit,
nichts Wirkliches bedeutet mir Heimat,
ich verliere mich schon, ich beginne
zu verstehen, dass ich nichts begreife
außer, dass die Verbannung unwirklich,
aber notwendig geworden ist. Nur
über diesen unglücklichen Vorteil verfüge ich.

Übersetzt von Peter Kersche

ENDE DES SPIELS

Lange Zeit verrichtete ich
Doppelgängerarbeit,
nachts war ich Müller,
tags Rauchfangkehrer.
Treu diente ich
beiden Herren,
ich lauschte den Geräuschen der Dauer,
und beobachtete den Rauch des Vergehens.
Die Schwarzen hielten mich für einen Weißen,
die Weißen sahen in mir einen Schwarzen.
Dann zog ich Wasserfall und Rauch
ins selbe Strombett,
den selben Anfang ins selbe Ende.
Ich lernte tagsüber träumen
und im Schlaf Dienste verrichten.
So bin ich nicht mehr geteilt
in zwei Fronarbeiten,
sondern verschmolzen in einen Schmerz,
bereit zu allem,
was kommt.
Jetzt bin ich der Tag und die Nacht zugleich,
das Wasser und das Feuer,
das Mehl und die Asche.
Ich kenne kein Schmuggeln
und keine Weissagung mehr.
Bis zum Kind bin ich schon entblößt
und warte am Ufer,
wo sich die Wale in den Tod stürzen.
Ich höre die uralte Stimme,
nur das bist du, Mensch, was du nicht bist,
und du hast alles,
was du nicht hast.

Übersetzt von Lev Detela

MEIN PARTISANENNAME

Dir hilft nichts, Pavle,*
dir ist keine Kugel bestimmt,
kein Baum,
kein Mühlstein,
du bist zum Leben verurteilt,
nimm dich in Acht vor dir selbst, Pavle.

Dir hilft nichts,
den Knöchel haben sie dir gebrochen
und die Augen mit Glut gefüllt,
die Zunge verdreht
und dich im Diogenesfass zurückgelassen,
nimm dich in Acht vor dir selbst, Pavle.

Dir hilft nichts,
dir ist kein schwarzes Pferd bestimmt,
auch kein weißes Kamel,
noch der Adler am roten Himmel,
du wirst der treuen Erde anheimfallen,
nimm dich in Acht vor dir selbst, Pavle.

Nirgends stößt du auf die Klagemauer
oder das große Tor von Kiew,
der schwarze Kater trinkt Muttermilch
und Hamlet, der Freund, bekommt einen Bauch.
Du wirst zum Monstrum,
habe Freude an dir selbst, Pavle.

Übersetzt von Peter Kersche

* Pavle: Partisanenname von Edvard Kocbek (A. d. Ü.).

DAS STERBEN DER WORTE

Ich kann nicht einschlafen,
um mich entsteht
ein großes Unglück,
die Worte, die ich irgendwann
aussprach und in die Welt sendete,
kommen plötzlich ermüdet zurück,
krank, tödlich beunruhigt,
suchen Zuflucht vor dem Verenden,
flattern, fuchteln, zirpen,
tschilpen schleppend, umfliegen mich,
fliehen vor der Abnutzung und dem Vergessen,
vor dem gläsernen Auge des Toten,
vor dem Laserstrahl, der die Überlegung
und Vermittlung verwirft,
es entsteht das ansteckende Flackern des Ausdrucks,
die hastige Eile breitet sich aus, die Worte
stottern, winden sich in den Krämpfen,
sie kennen kein Zuhause, wo sie sich
jede Nacht ausgeruht haben,
sie flattern über mir,
als ich in der Dunkelheit leer und stumm liege,
ich erkenne sie alle, gezähmt, wild,
fröhlich und traurig, traumhaft,
verängstigt, gewaltig, verräterisch,
schrecklich, spielerisch, liebestoll,
heldenhaft, fromm, alle mütterlich,
alle von mir, vom Vater, alle mein Wesen,
meine Erinnerungen, meine Ahnungen,
meine Weissagungen, mein Sterben,
das Zimmer ist gefüllt mit ihnen,
sie setzen sich auf die Gegenstände,
sie können sich nicht rühren,
belasten mich, flehen mich an, sterben,
schluchzen und wiederholen,
alle Baumhöhlen verunreinigt,

alle Nester zerstört,
alle Aussichten versperrt,
der Mund stumm,
die Katastrophe beginnt in mir zu nisten,
ich kann sie nirgendhin zurückerstatten,
mit nichts vertrösten,
nicht einmal die Hand kann ich ausstrecken
und nicht den Mund öffnen,
das Wort Verzweiflung nicht streicheln,
vor den Worten Trost, Rettung bleibe ich ohne Worte,
es würgen mich die Worte Spielzeug und Gnade,
auf die Augen kleben sich die auf der Flucht
erschossenen Worte,
der Mensch, die Mutter, die Liebe, die Treue,
auf der Brust drücken mich die unglücklichen Worte,
die ich vernachlässigte oder nie aussprach,
eines dieser Worte jedoch nistet
zwischen meinen zitternden Lippen,
noch nie habe ich es im Wörterbuch entdeckt.

Übersetzt von Milena Merlak und Lev Detela

AUS DER SAMMLUNG „PENTAGRAMM“ (PENTAGRAM, 1977)

BRIEF NACH LAIBACH

Mein Brief ist kurz
und mein Gedanke beschwingt,
ich bin ein anderer geworden.
Heute beim Fall auf die Erde
ganz außer Atem, verwirrt und
durch Feindesgewalt besiegt,
vermochte ich nichts mehr
und mir wurde die Wahrheit klar:
man kann mich nicht vernichten.
Ich bin, was ich bin, sagt die Weisheit.
Und ich bin, weil ich bin, das ist mein Geheimnis.
Deshalb rufe gemeinsam mit mir aus:
Oh gefährdetes Wissen
zur Zeit der wissenden Gefährdung.
Die Todesgefahr ist der Beweis,
dass ich mächtiger bin als die Sicherheit.
Die Furcht ist ein unheimliches Gefühl
für die Nichtexistenz, zugleich aber auch
verzückte Hoffnung auf Dauer.
Wozu sollte ich tapfer sein,
wenn ich nicht über mich hinauswachsen könnte?
Wir sind tapfer, weil wir Kraft
aus etwas Unvergänglichem schöpfen.
Wir lieben unsere Überflüssigkeit,
weil Liebe Spiel ist.
Und das uns Liebende
ist weder zufällig noch vergänglich.

Und noch das füge ich an:
Mein Brief ist klar.
So rein und so heftig,

wie wir jetzt kämpfen,
wollten viele kämpfen,
aber es war ihnen nicht vergönnt.
Behalten wir also im Gedächtnis,
wir vermögen viel, wenn wir es wollen,
denn Geschichte bedeutet Liebe.

Übersetzt von Peter Kersche

ICH FLACKERE

Ich flackere wie Flammen,
verdunste wie Äther,
vergehe wie Stein,
bebe wie der Wind.

Ich träume die Welt,
das Leben lässt mich werden,
der Körper strotzen
und der Geist füllt mich.

Unter dem dritten Putz
bin ich als Fresko versteckt,
das Geheimnis findet sich hinter der Welt
dunkel durch den Glanz.

Die Liebe aus Lehm
hofft und glaubt,
vom Weihrauch still ist
es sonntagabends.

Ich reite das Tier
Sein oder Nichtsein,
die Enge nimmt zu,
entkommen kann ich ihr nicht.

Übersetzt von Peter Kersche

AUS DER ZEITSCHRIFT „PROSTOR IN ČAS“ (1972) UND EIN TYPOSKRIPT (UM 1974)

IM SEMINAR

Sprängen alle siebenhundert Millionen Chinesen,
im Durchschnitt fünfzig Kilogramm schwer,
gleichzeitig
aus zwei Meter Höhe
auf Feindesland,
wäre die Folge ein Beben der Stärke vier.
Wiederholten sie diesen Sprung
alle vierundfünfzig Minuten, die Wellen des Bebens
kehrten
an den Ausgangspunkt zurück und brächten das
Feindesland so ins Wanken,
dass schwere Zerstörungen entstünden.
All das wäre im Stil Mao Tse-Tungs.
Der Feind könnte das Beben
nur durch Gegensprünge bekämpfen,
indem sie die Interferenzwellen ausglichen.
Die Unbekannte ist die Bevölkerungszahl,
die Slowenen z. B. müssten aus
solcher Höhe springen,
dass sie sich allesamt erschlügen,
wir müssen uns aus diesem Grund zu unseren
Nachbarn rechnen.

Aus dem Slowenischen von Peter Kersche

FRAGEN

Wer bist du und mit wem bist du und zu welchem Zweck
bist du
und weshalb bist du und wann bist du und wo bist du,
vor allem aber, wie bist du und wer bist du
und wie bist du abgeändert,
bist du nach außen oder nach innen gekehrt,
bist du erfunden oder nachgemacht,
bleibend oder unerschöpflich anders
und bist du aus einem Guss oder nur Bruchstück,
und dann noch mit wem verkehrst du,
eilt ihr hinter uns her oder uns voraus
oder seid ihr gar unvergängliche Riesen,
welche Maßstäbe wendet ihr an,
sind sie unbekannt oder unsterblich
und wie ist es mit den Himmelsrichtungen bestellt,
vor allem mit der linken, hat sie Gültigkeit
wurde sie umbenannt oder ist sie gesetzwidrig
und welche Lichtquelle hat eure Sonnseite,
und woran denkst du am liebsten
und redet ihr und was hast du gern,
und sage noch folgendes, wie zeigen wir uns in der
Erinnerung
sind wir unwirklich wie in Schlagern
und wie verhält es sich mit der Unwiederbringlichkeit des
Dings,
das zurückkehren möchte, aber es nicht vermag,
und zuletzt, weshalb denken wir so viel an euch
und weshalb beunruhigt uns das Vergangene so
nachhaltig?

Übersetzt übertragen Peter Kersche

PRIMZAHLEN

Du siehst dich im Spiegel, nichts,
du siehst dich im Nächsten, nichts,
du siehst Menschen weit entfernt, nichts,
in der Sonne nichts, im Dunkel nichts,
in einem fort ein und dasselbe nichts.
Dann kommt der Tag,
du bist weder neugierig
weniger noch gefasst, du trittst über die Schwelle
auf die Straße
der dunkelsten Helle
und des hellsten Dunkel,
und plötzlich bist du dort,
inmitten des Klaren,
das bist du, das ist er
und das bin ich,
keine andere Rettung,
keine besonderen Türen,
keine Gewandtheiten,
alles ist ganz es selbst
und dennoch verknüpft,
lauter Primzahlen.

Übersetzt von Peter Kersche

GEWISSENSLÄUTERUNG

Wie soll ich mich überwinden,
und wie soll ich zu sprechen beginnen,
welche Wortwahl soll ich treffen,
welcher bedrückenden Mundart soll ich die Worte
entnehmen,
wie soll ich meine Klage formulieren,
mit welcher zu brechenden Gewohnheit
soll ich mich erschüttern und austoben,
zu welcher Abendzeit, morgens oder
nachts soll ich mich für einen ordentlichen Schrei
entscheiden
und wie soll ich zuvor meinen Körper reinigen
und an welch schreckliche Erinnerung
soll ich mich stützen und nach welchem Wind soll
meine entsetzliche Verzweiflung zu duften beginnen,
von welchem Turm soll ich mich offenbaren,
und in welchem Feuer soll ich mich durchbrennen,
unter welchem Himmel soll ich auf die Knie fallen,
wo soll ich mir Stille suchen
und ich werfe in sie meine Angst
und wie soll ich gültig erzittern
und an wen soll ich mich tatsächlich wenden
und wie soll ich ihn ansprechen,
dass er mich erkennt
und mir glaubt?

Übersetzt von Peter Kersche

Originaltitel: Čiščenje vesti, Typoskript (um 1974)

AUS DEM GEDICHTBAND „ŽERJAVICA“ (GLUT, 1974)

GLUT

Fernab glänzt dumpf ein Fenster,
rotes Licht blinkt, als
wollt es jemand löschen,
es trotzt beharrlich,
kämpft in einem fort,
bald droht es zu ersticken,
bald leuchtet es von neuem auf.
Jäh wird mir bewusst,
das bist du.

Ich welke, indem ich flattere.
Mein Feuer ist Glut geworden.
Nun bläst Wind übers gewesene Feuer,
von Zeit zu Zeit stößt er hinein.
Die Glut glimmt auf, zwinkert zahm,
atmet kaum noch,
ist mir immer noch gehorsam.
Mein gänzlich verbrauchtes Herz
keucht langsam.

Eigentlich bin ich ausgebrannt,
jetzt glimme ich zusammengesunken
in die herrliche aufgetaute Erde,
feurig zitternd und vergehend
bewege ich mich durchs Farbenspiel,
durchs Grün zum Rot und Blau,
schreckliches buntes Fenster,
über ihm zarte Röte.

Nie noch war ich
ein so schöner Vulkan.

Übersetzt von Peter Kersche

DER BAUM

Den Baum hören, den Baum sehen,
sich unter seinen Schatten legen,
oder ich berühre und fälle ihn,
ich zerhacke ihn und lege ihn in den Ofen,
oder ich baue aus ihm eine Holzhütte,
was immer ich mit ihm mache,
er bleibt stets der Baum,
das unteilbare, unzerstörbare
Rauschen des Windes bei Tag und Nacht,
im Ofen, auf der Lagerstätte, im Schatten,
zwischen den Zeilen in der Zeitung
und im Qualm zwischen Himmel und Erde,
der Baum als Schatten und Friede,
der Baum als Wiege und Bahre,
der Baum als Mittelpunkt des Paradieses,
der Baum als Rauschen und Stille,
der Baum als Baum
und der Baum als Wort.

Übersetzt von Milena Merlak und Lev Detela

GEBRAUCHSANWEISUNG

Wer sucht,
findet mehr, als er suchte,
die Dinge schmiegen sich gerne
aneinander,
das Heimchen am Herd
steht mit dem Kuckuck in Verbindung,
der Wolkenkratzer mit dem Schwindelgefühl
und die Leere mit der Leere.
Bald ist es zu spät.
Wer tatenlos
schwätzt,
wird verstummen mit trockenem Mund,
wer zurückglotzt,
wird versteinern.
Hundegebell
zeigt das Erdbeben an,
die für Verdacht Begabten
gehen selbst in die Falle.
Wer sich an die Macht klammert,
hält sich am Griff im Zug fest.
Mancherlei ist richtig,
weil es falsch ist,
lesen Sie genau
die Gebrauchsanweisung.

Übersetzt von Milena Merlak und Lev Detela

WAS IST LOS MIT DEM BERG

Der Berg war kein Berg.
Der Berg ist kein Berg.
Der Berg wird bald zum Berg.
Der Berg wird jetzt gleich zum Berg.
Berg bleibt Berg.
Der Berg ist immer noch Berg.
Der Berg ist ohne Unterlass Berg.
Der Berg ist nur noch zum geringsten Teil Berg.
Der Berg ist nicht mehr Berg.
Der Berg wird nicht weiterhin Berg bleiben.
Der Berg wird niemals wieder Berg werden.
Der Berg war ohnehin nie Berg.
Berg bleibt eben Berg.

Übersetzt von Peter Kersche

NÄCHTLICHE FEIER

Ich liege im Dunkeln
an der Oberfläche der Nacht,
ich liege und schlafe nicht,
ich versinke nicht einmal,
ich starre in den Himmel
über mir
und unter mir,
an etwas herrscht Mangel
anderes ist im Überfluss vorhanden,
die Welt wird anders,
mein ich schwindet allmählich,
wer wird mich retten?

Und in diesem Augenblick
knarrt das Holz
im Schrank, im Tisch oder im Fußboden
Buchen- oder Eichenholz,
gleichgültig wo und weshalb,
etwas Großes, Feierliches,
das erlösende Ereignis,
es gibt nichts Gewaltigeres
im ganzen All
mit den lodernden Feuern
und Scheiter knistern
lautlos.

Übersetzt von Peter Kersche

GESCHICHTE

O Geschichte, blinde Beunruhigung des Menschengeschlechts,
ununterbrochenes Aneinandergeraten des Guten mit dem Bösen,
Sturz des Lärms ins Bodenlose,
von früh bis spät ein einziges feierliches
Durcheinander, Siegesgeschrei und Jammer der Besiegten,
o Geschichte, Gedächtnistraining und süßes
Vergessen, Fahnengeflatter im Wind, Trommelwirbel
und Pferdegetrampel, die Überrumpelung toter
Wachen, blinde Mäuse und Spitzel, technische
Erfindungen und Träume von Babylon, Karussell
des Ruhmes, zwischendurch kurze Ruhepausen für ein neues
Vergeblich, Vorstöße und Rückzüge, Bauen und Niederreißen,
Kriechen in der Dunkelheit und der Schwelbrand unter
der Asche, Wiegen und Flugzeuge, Panzer und
Hochzeitsgebinde, o Geschichte, wo sind deine
Ekstasen und Manifeste, wo deine Gold-
kränze und Marmorstatuen, wo deine
Prophezeiungen und versteckten Lieben, wohin führen
eure Wege, ihr sogenannten Menschheits-
führer, was versteckt euer Geflüster
hinter dunklen Brillen, welche Bedeutung kommt eurem
Schweigen
und eurer Gesprächigkeit zu, und euren ständigen Besuchen
und niemandem bekannte Unterredungen, Pilger klopfen
vergeblich an fremde Türen, Künstler verbinden vergeblich
Gewölbe neuer Paläste durch Schluss-
steine, Kinder zeichnen vergeblich Parolen auf
Wände, vergeblich sind die Enthüllungen im Sprachrohr
und vergeblich die Opferung des Frauengeschlechts, vergeblich
Paraden und Salven, Begrüßungs-, Warn-,
Strafsalven, es gibt ein zuviel
an Verboten, Befehlen, alles geht am
Himmel und am Menschen auf der Erde vorbei.

Übersetzt von Peter Kersche

DIE NEUE GEWALT

Einst wirst du folgendes träumen: alle Bücher wurden ausgelöscht, alle Schultafeln abgewischt, alle Dokumente ins Feuer geworfen, alle Alphabete vergessen, alle Stimmen ausgestoßen,
ich
nehme mich nicht mehr tödlich ernst, wortwörtlich,schulmeisterlich, abgeschrieben, unteralpenländisch, gewalttätig, buchstäblich.
Das bedeutet: Lies nichts mehr, lege das Blatt beiseite,
unterbreche
jede gelehrte Verbindung nach außen, dulde keine tückische
Bequemlichkeit mehr, unterhalte keine Verbindung mit den Symbolen
und ihrer Geheimniskrämerei, vergesse die Sprachgewandtheit,
öffne die Fäuste und lege die Hand auf die Luftschichten, dem
Menschen
auf die Schultern, auf den lebendigen und munteren Wortklang,
spreche
mit dem Menschen aus eigener Seelennot, befrage ihn, antworte
ihm, klage
ihm und trotze, verstumme nicht vor ihm, halte die Berührung mit
dem
Menschen vor dir und mit dem außer Atem geratenen Menschen
hinter dir,
merke dir, alles hängt von dir ab, hier und jetzt, sofort und in
Ewigkeit.
Die Wahrheit ist immer wieder neu und natürlich.

Übersetzt von Lev Detela

ZEIT DER DICHTUNG

Sie behaupteten: die Zeit der Dichtung nähere sich
dem Ende,
der Überfluss sei verscherbelt,
ermüdend sei
das Gesagte und ohnehin vergangen
das Geschriebene, bloß Zeichen,
nur ein Narr existiert vom Nichtvorhandenen.

All das vollzieht sich im trägen Raum.
Die Zeit geht nieder und auf.
Wundersam: jedwedes Dunkel.
Heilsam: jede Verwirrung.
Die Heimat begab sich ins Ausland,
das Mädchen vor den Spiegel.
Es hat Freude am eigenen Gesicht,
das Meer an seiner unauslotbaren Tiefe.

Jetzt kehre ich zurück, meine Liebe.
Die Handfläche der Gärtnerin strahlt im Zauber.
Keine Bewegung eine Wiederholung.
Ich ahme sie beim Tätowieren nach,
das Spiel entriss mir die Angst.
Aus den sieben Wunden des heiligen Wahnsinns
steigt Betäubung mit nahrhaftem Honig.
Alles ist in mir mild verwildert.
All meine Felder ließ ich brach liegen.
Die Bienenkönigin ist ununterbrochen auf
Hochzeitsflug.
Ihr werdet mich an meiner Barfüssigkeit erkennen
und an meinen tiefen Träumen vom Berg
auf dem Weg zum Propheten.

Übersetzt von Peter Kersche

AUS DER SAMMLUNG „DIE BRAUT IN SCHWARZ“ (NEVESTA V ČRNEM, 1977)

ALLE TÜREN STEHEN OFFEN

Überall auf der Welt toben die Verfolger,
doch am ärgsten ist jene Verfolgung,
bei der dich niemand verfolgt, du
verhältst dich wie ein verirrtes Wild,
vom unsichtbaren Jäger verfolgt: wenn du
zu Hause im Arbeitszimmer sitzt und Kaffee trinkst
oder dich im Büro gelangweilt streckst
und dich nicht einmal die teuerste Zigarre zwischen den
Lippen
vor dem schauderhaften Gefühl der Schuld befreit und
dich jemand tatsächlich in der Hand hat, dass du
in Todesangst schwitzt und dich selbst am liebsten
nicht gekannt hättest oder auf der Stelle
vom neunten Stock hinunter gesprungen wärest.
Diese Verfolgung ist die furchtbarste Flucht
vor einem selbst und die verhängnisvollste
Gefangenschaft.
Es hilft dir nichts, alle Türen stehen offen
und über alle Revolver kannst du verfügen, du aber
vermagst dich inmitten der finsteren Nacht oder des
klaren Tages
nicht einmal zu rühren vor Todesangst
wegen der unbekannten und unaussprechlichen Schuld.

Übersetzt von Milena Merlak und Lev Detela

VON BLINDEN TIEREN

Blinde Tiere sehen keinen Mond,
doch sie spüren ihn wie
eine stille, liebe Erscheinung mit allen
Eigenschaften einer nächtlichen Macht,
darum rennen sie in der Dunkelheit und Klarheit
der zahlreichen magnetischen Richtungen
und eilen mit scharfer Genauigkeit
in die eigene verspielte Erfüllung.
Siebenundzwanzig ist die Tageszahl
der Termiten. Das ist die Zeit, in der
sich die Sonne um sich selbst dreht.
Und als ich diese Nachricht schreibe, höre ich
das Saitenspiel und ahne
das fröhliche Lied des dankbaren Daseins,
und ich tanze vor Freude für die lebendige
Gemeinschaft,
für die stillste und treueste,
obwohl sie noch nichts vom Glück weiß,
uns in verschiedenen Regungen
der Liebe und des Leids geschenkt
und für uns so ersichtlich
wie die Befragung des Gewissens
eines Nachtportiers.

Übersetzt von Milena Merlak und Lev Detela

DAS BESTEHENBLEIBEN

Wie bestehen vorm Baum?
Neonlicht stürzt ihn nicht in Verwirrung.
Wie bestehen vor Fledermäusen,
im Gespött über eigene Ängste?
Wie sich retten vorm Schweigen der Berge?
Keine Katastrophe versetzt sie in Unruhe.
Das Wissen nimmt zu auch an Lautstärke
und trotzdem bleibt es nichtig
und bedarf der Wiederholung. Dinge und Tiere
erfahren ihre Wahrheit ein einziges Mal
ohne Verlust.
Alles Außermenschliche vertraut, glaubt, liebt,
der Mensch hingegen büßt ständig an Sicherheit ein.
Er schärft daher künstlich sein Seh- und Hörvermögen
den Tastsinn und alle seine Sinne. Zeit und Raum
verkürzt er, das Weltall wird Welt,
die Welt Land, das Land Tal,
das Tal Dorf mit Häusern, das Haus Bett,
das Bett Wiege und Bahre.
Der Sarg ist alles: Kasten, Koffer, Urne.
Das Organ zur Nämlichkeitsbestimmung arbeitet nicht
weiter
an ein und demselben Ort, der Mensch ist nur eine alte
Parallelerscheinung neuer Dinge. Der Erfindung
seiner Verzweiflung.

Übersetzt von Peter Kersche

LEHRREIHE GESCHICHTE

Wer ist schon Herostrat?
Das Handlexikon sagt:
„Herostrat ist Grieche, im Jahre 356
vor unserer Zeitrechnung hat er den Tempel
der Göttin Artemis in Ephesos aus Ruhmsucht
in Brand gesetzt, denn
das Heiligtum war eines der sieben Weltwunder
des damals bekannten Erdkreises."
In Sartres Erzählung über ihn
erkundigt sich jemand nach dem Baumeister
jenes göttlichen Heiligtums.
Seinen Namen hat sich niemand
notiert, denn nur die Zerstörer
halten wir für Helden. Der Vernichter
des Artemistempels
bleibt für alle Zeiten der größere Künstler
als jener namenlose Schöpfer, der ihn
erbaut hat. Man erinnere sich nur an
die Gegenwart: Auch bei uns zeugt
erst die Schändung vom Heiligtum.

Übersetzt von Peter Kersche

MÄNNERGEDICHT

Am warmen Abend
nähern sich die Frauen
den Männern, ohne sich
im Raum zu bewegen. Und
so öffnen sich die Männer
schnell der weichen Wärme.

Ich beginne zu zählen und kann nicht feststellen,
wie viele Männer in mir leben,
jetzt spielen sie Karten oder brennen
Schnaps oder schleppen schöne Mädchen
in ihren Fahrzeugen ab oder sterben bei Unfällen.

Es ist herrlich, ein Mann zu sein,
die ganze Zeit spielst du auf der Geige
oder singst ein verführerisches Lied
und fühlst, wie die Frauenzimmer
auf der Brücke zittern,
während im Tümpel die Fische hin- und herschnellen.

Übersetzt von Milena Merlak und Lev Detela

DIE KOMIKER

Wir haben zwei Arten von Spaßmachern,
wir kennen erstens Berufsclowns,
aber auch Laienspaßvögel.
Die Berufswitzbolde treten
nach dem Zirkusstundenplan auf
und seilen sich aus den Wolken ab,
die Laienclowns tauchen aber überraschend
in einer uns unbekannten Stunde auf.
Die Berufsspaßmacher kennen ihre geschickten
und lustigen Gęsten auswendig,
die Laienhumoristen aber werden komisch,
wenn sie aus ihren Händen den Sturm loslassen
oder wenn sie im Alter an Masern erkranken,
wenn sie ein reicher Konkursgläubiger verwechselt,
oder wenn sie träumen, dass sie schwanger wurden.
Die Berufskomiker sind geschickte, fast schlaue
Mannsbilder, die Laienspaßmacher aber äußerst
ungeschickt und aus verborgener Liebe
tollpatschig.
Beide Clownssorten habe ich gern.
Wenn ich sie erblicke und so viel lache,
dass ich mir heimlich eine Träne abwischen muss,
wünsche ich mir, sie würden die Macht übernehmen.

Übersetzt von Milena Merlak und Lev Detela

AN DER TÜR ABENDS

Die Mutter der Tochter abends
beim Weggehen
von oben bis unten schön und rein
die Mutter der Tochter an der Tür
um sie aufzuhalten
die Mutter an der Tür abends
um sie aufzuhalten und ihr zu sagen
um ihr Altüberliefertes zu sagen
die Mutter der Tochter an der Tür abends
Altüberliefertes und heute Belächeltes
und schon schnürt es ihr die Kehle zu dass sie keinen
Satz über die Lippen bringt
dass sie nicht den einzigen allein rettenden Satz
über die Lippen bringt
den keine Mutter über die Lippen bringt
keine Mutter der Tochter an der Tür abends
der Tochter und ihrem Geschlecht
die Tochter wird zurückkommen
sie wird zurückkommen verändert
sie wird zurückkommen mit ihrer Leibesfrucht
auch ihr wird es einmal die Kehle zuschnüren
und ihrer Tochter und der Tochter der Tochter
an der Tür abends

Übersetzt von Peter Kersche

DIE LIEBE

Der Grad der unbestimmten Vollkommenheit
zittert im Menschen am kühnsten,
jedes Mal möchte er endgültig
und unendlich reich sein,
doch ist ihm nicht bewusst, dass alles arm ist,
außer der stillen Liebe,
die die Ewigkeit in der Zeit herstellt.

Der richtige Mann ist bis zum Tode heiratslustig,
nach außen geschmückt und stürmisch,
tatsächlich aber steckt er tief
in einfachen und furchtbaren Wurzeln,
die den Fels und den Stahl zerreißen
und sich über die eingebildeten Errungenschaften
lustig machen.

Du, Mädchen, sollst Nemerika heißen,
eine von den Wurzeln wird dich vernichten
und dich als das süßeste Opfer verzehren.
Versuche niemandem zu gefallen, spiele nur
den eigenen versteckten Hochmut und lebe
deine gesunde Verspieltheit. Nur den Schutzengel
kannst du necken, keinen anderen
auf dieser verdammten Erde.

Spiele nur dich selbst mit der Verachtung
der unbestimmten Vollkommenheit und Nachlässigkeit,
sei ein reines Spiel dem Mann im Labyrinth
oder auf der Zimmerdecke oder im Wintergarten
oder während der Alltagsbeschäftigungen
und schreibe die Worte der Liebe in den Schnee
und in den Wind oder auf die Heuharfe,
die soeben vom Feuer erfasst wurde.

Übersetzt von Milena Merlak und Lev Detela

DER MENSCH UND SEIN NACHBAR

Es gibt immer mehr ursprüngliche Wesen,
immer mehr schnelle Gebärden,
immer mehr kühne Entdeckungen,
und doch gibt es noch keinen freien Menschen
und noch keinen Menschen ohne Angst,
keiner hat bis jetzt auf einmal alle Worte ausgesprochen,
keiner alle Wahrheiten erkannt,
keiner kann den Urschrei wiederholen,
keiner weiß mehr, was das Wort „alles" bedeutet.

Denn vom hohen Hügel starrt uns jemand an,
der betrunkene tausendjährige Nachbar schüttelt mit
dem Kopf
und singt still ein uraltes Lied,
nicht einmal an einem Regentag regt er sich auf,
nur an den Baum in der Mitte lehnt er sich,
er nickt für einen großen Augenblick ein
und träumt von einer zarten Erinnerung.

Übersetzt von Milena Merlak und Lev Detela

ALLES IST MITEINANDER VERWOBEN

Wie oft schon brach über mir
der unendliche Himmel zusammen
und baute sich plötzlich von neuem auf
nicht anders als das träge Wetter.
Mit zahllosen Bildern und Strafen
habe ich mich zu trösten gesucht.
Die Ebenen haben an Höhe gewonnen,
die Berge senkten sich,
noch bevor mir klar geworden ist,
dass es einerlei ist, wie die Welt
fliegt und wie ich mich in den Kurven
an ihre Mauern lehne,
die Geschwindigkeit ist
vertraut wahnsinnig
und die Vergänglichkeit
weinselig sorglos.
Angst und Mut kommen
auf unterschiedliche Weise ins Alter.
Aber die Propheten nähern sich
aus der gleichen Wüste.

Übersetzt von Peter Kersche

DER IRRGARTEN

Eine so irre Dunkelheit habe ich noch nie gesehen,
der Tag kündigt sich mit zwei Morgen an,
zwischen den beiden zeigt sich jedoch die neue Reichweite,
bis jetzt versteckte sie sich in der Materie, doch nun
offenbart sie sich in der Ausdehnung zwischen dem Dunkel
und dem Licht,
sie erregt meine Ahnungen und verwirrt mir die Sinne,
bewegt sich in alle Richtungen, liebt die Kopflosigkeit
und tut nichts ohne mein Leid,
der Mond ist vier Milliarden Jahre alt,
das Datum seines Selbstmordes ist aber
noch immer unbekannt, keiner verrät es,
der kosmische Irrgarten ist immer verdrehter
und listiger.

Übersetzt von Lev Detela

ALS ICH IN DIE DUNKELHEIT GREIFE

Und als ich mit den Handflächen
in die Dunkelheit greife,
zärtlich und vorsichtig und liebevoll,
weiß ich, dass ich dir nahe bin,
und ich beginne unendlich
still zu rufen, dich, die du warst,
bist und wieder wirst,
und schau, mein Rufen macht dich näher
und deine Anwesenheit beginnt
die ganze unendliche Dunkelheit auszufüllen,
wo die Fernen kurz
und alles Unsichtbare greifbar ist,
ich rufe immer stiller
und immer herzlicher
und plötzlich bist du ganz da,
als ich meine offenen Hände wieder bewege
in der reizvollen Dunkelheit,
entdecke ich dich mit den Fingern,
ich erkenne deine Formen
und weiß, dass du da bist
und dass ich dich nicht mehr
loslassen kann.

Übersetzt von Milena Merlak und Lev Detela

DAS URALTE WUNDER

Lausche dem Geschehen
in meinem armen Kopf,
etwas Stilles und Fröhliches
entsteht zwischen Kinn und Stirn,
was ich nicht sehen kann,
aber es herausfordernd fühle,
wenn ich es auch nicht erklären kann,
etwas, was ich höre,
aber nicht erreiche,
etwas, was ich erreiche,
aber nicht begreife,
etwas, was ich begreife,
aber mir in einem fort
rätselhaft und unbekannt bleibt,
etwas, was zittert
und meine bloßen Füße wärmt,
meine heiße Stirn kühlt
und bleibt als unausgelöschte Erinnerung
und wird in alle Ewigkeit schweigen,
etwas, was mehr ist als ein Geheimnis,
und mehr als die Liebe,
das tiefste Wesen der Dinge,
etwas, mit Worten nicht Beschreibbares,
die glückliche Unwissenheit
und die selige Ahnung,
etwas ständig
auf der anderen Seite Befindliches,
aber dennoch in mir.

Übersetzt von Milena Merlak und Lev Detela

DER GRÖSSTE BETRUG

Nach Newton wissen wir,
die Dunkelheit ist nicht dumm
und das Licht kein End-
fest.
Das Sein bestimmt das Bewusstsein,
und nur durch Taten bewegt
der Mensch den Mitmenschen
und greift in sein Geheimnis ein.
Das Ende aller Shakespeares,
Mozarts und Einsteins.
Kein Recht mehr auf den Tod
oder aufs Leben,
die Körper immer länger,
schneller, stärker.
Keine Krankheiten mehr,
krank wird nur jener,
den es nicht geben wird. Wie klar.
Eine neue Engelart.
Oder das Teufelreich.

Übersetzt von Lev Detela

AUS DEM GEDICHTBAND „STEIN FELS“ (KAMEN SKALA, 1991)

WOLLÜSTIGE TRÄUME

Wollüstige Träume, gegen Morgen der Garten des Nach-
barn, der traurige Baum, das laute Ticken der Turm-
uhr, die Stimmen des Windes, der Salat unterm Schnee.
Vor der Kirche der schwarze Sarg, das Ende der Messe,
die Menschenansammlung auf dem Platz, einer verliest Erlässe
der Behörde, die Hausfrauen klopfen auf die Töpfe,
die sich in chinesische Vasen verwandeln.
Unter den Zelten sind noch andere Kostbarkeiten,
der Gekreuzigte aus dem 13. Jahrhundert, zusammen
mit dem Kopf Alexanders des Großen. Ich leide
auf Grund der heroischen Daten, bin
kraftlos, müde, doch der König Claudius
und sein Minister Polonius haben Angst vor mir. Beide
wissen genau, wer den schwarzen Peter hat.

Übersetzt von Lev Detela

DER BERÜHMTE MANN

Du kleiner grauer Mann
mit tränenden Augen
und erbosten Augenbrauen,
warum reist du so feierlich
in dein Nichts?
Du kleiner schlauer Mann,
warum hast du dir die Bürde
mit dem alten Krämerladen und mit den Giften,
die ihre Wirkung verloren haben, auferlegt?
Du kleiner geschwätziger Mann
mit dem ausgestopften Schädel
und hohlen Herzen,
die Türe schlagen schon
auf deine Fersen!

Übersetzt von Lev Detela

Das Gedicht, eine Auseinandersetzung des Autors mit seinem Neider und Gegner, dem ehemaligen Vorsitzenden der Slowenischen Akademie der Wissenschaften und der Künste, dem konservativ-dogmatischen Kritiker Josip Vidmar (1895-1992), entstand in der letzten Periode seines Schaffens, in der Zeit der schweren Erkrankung nach den gegen ihn erfolgten Angriffen Vidmars und der jugoslawischen Massenmedien, die Kocbeks humanistische und pluralistische Konzeption angeprangert haben. (A. d. Ü.)

STEIN FELS

Geschlossenheit der Zeit, Stein
Fels, ungehörte Musik
der Ewigkeit in unserem Blut,
steiler Hang, das Denkmal
der Stille,
ich höre dir zu,
gleich jetzt steigt der Wind auf,
seine gute Hand wird dich
dreimal berühren,
du treuer Stein,
öffne dich doch,
du Grabstein,
spalte dich, Nordwand,
und lass mich durch dich
auf die andere Seite
gehen.

Übersetzt von Lev Detela

PROSA

DIE SCHWARZE ORCHIDEE

Schlussabschnitt der Novelle „Črna orhideja" (Die schwarze Orchidee) aus der vier Novellen umfassenden Sammlung „Strah in pogum" (Angst und Mut), die 1951 in Ljubljana erschien.

Da ergriff er ihre Hände. Die Gluthitze, die in ihr traurig glomm, wurde ihm bewusst. Ohne zu zögern, fasste er sie unter den Achseln an und hob sie empor. Ihr Körper war kraftlos und schwer. Er wollte sie kurz loslassen, aber ihre Beine trugen sie nicht. Als er sie auffing, trafen sich ihre Blicke. Sie sah ihn wild und geistesabwesend an, beugte ihren Oberkörper zurück und blieb in dieser Lage in seinen Armen hängen. Er spürte etwas in ihrem Blick, das nichts von Feindschaft wusste und das etwas vom Entsetzen verriet, das den Menschen bei der Begegnung mit Unbekanntem ergreift, von dem er weiß, dass es ihn unabwendbar verschlingen wird. Drei, vier Sekunden beherrschte ihn dieses, einem Alptraum verwandte Gefühl. Dann stellte er fest, wie die schlaffen bebenden Glieder noch schwerer wurden. Ihr Körper füllte sich mit dem ganzen Inhalt, der ihm von Geburt an gegeben war und er straffte sich durch die Nähe des letzten lebenden Wesens. Mit den Händen stützte sie sich auf ihn und richtete sich auf. Er konnte sie nicht mehr loslassen. Seine Fingerspitzen spielten mit Lust auf ihrem Rücken. Kurz darauf drückte er sie behutsam, kaum spürbar an sich und er fühlte ihre zarte und leise Antwort. Nun wusste er, was er die ganze Zeit seit ihrer Bekanntschaft dunkel und bange ahnte, dass sie ein edles Tier war, das auf den geringsten Zug der Zügel unverzüglich reagierte. Sie richtete ihre Pupillen auf ihn. Ihr Blick war immer noch matt, ging aber nicht mehr wie zuvor verloren durch ihn hindurch, sondern wurde sichtlich kürzer und ruhte zuletzt auf ihm. Sie begann sein Gesicht abzutasten und weinte nicht mehr. Das Schluchzen ging in ein kräftiges, ruckartig zuckendes Atmen des ganzen Körpers über. Ihre Wärme durchdrang ihn. Er spürte ihre sich hebenden und senkenden Brüste, die sein Herz suchten und betäubten. Ihre Beine gewannen allmählich die Kraft zurück. Sie konnte wieder stehen, trotzdem vermochte sie Gregor nicht mehr loszulassen. Er wusste, dass er sie nie mehr loslassen wird können, dass er noch nie jemanden so innig in seinen Armen gehalten hatte und dass all seine bisherigen Umarmungen läppisch und trügerisch waren. Nun hatte er erkannt, dass ein richtiger Mann nur tödlich liebt - erkannt, dass die Liebe mit dem Tod enden muss und der Tod mit der Liebe.

Zart, sehr zart drückte er sie an sich und flüsterte: „Leb wohl, leb wohl kleine Katja!"

In den Tiefen ihrer großen Augen, die ihn unverwandt anblickten, versank nach und nach all ihre Angst. Nur wenige Augenblicke sah sie ihn so an, trotzdem schien es ihm unendlich lang. In ihrem Inneren ging der letzte Kampf zu Ende, still und wortlos, jenen gnadenlos schroffen Grat entlang, der die Welt der Wahrheit von der der Lüge blutig trennt. Als er das feine Beben der unsichtbaren Lebenswaage wahrnahm, liefen kalte Schauer über seinen Körper. Da stellte sie sich auf die Zehenspitzen, neigte sich ihm zu, schmiegte sich eng an ihn und umarmte ihn innig. Eigenartig wirkte die unmittelbare Sprache der Nähe und Wärme auf sie und ihn. Eine bisher unbekannte schmerzlichwehmütige Wonne durcheilte ihn und seine Knie begannen zu versagen. Sie betraten eine unsagbar fremde und schöne Landschaft. Unwirklich langsam bewegte er seine Hände auf ihr Gesicht zu, das er so oft verstohlen bewundert hatte und das er sich immer wieder bemüht hatte, in sein Gedächtnis zurückzurufen, das aber in der Realität weitaus schöner war als in der Vorstellung. Seine Finger verloren sich in ihrem schwarzen Haar unter dem Schleier. Eine mit Todesangst gepaarte absurde Wollust erfüllte ihn. Ihren Kopf legte sie an seine Brust. Der betäubende Duft schwarzer Orchideen entströmte ihrem Haar. Nebel breiteten sich vor seinen Augen aus.

Alle Geräusche verstummten, als sie ihre Arme um seine Schultern legte und ihm zuflüsterte: „Leb wohl, mein Einziggeliebter!"

Er nahm ihren Kopf in seine Hände wie eine reife Frucht und küsste sie auf die Stirn: „Verzeih mir ...!" Sie richtete ihre Augen auf ihn: „Befreie mich von meinen Sünden ..."

Er schmiegte seine Wange an die ihre und flüsterte: „Fasse Vertrauen!"

Sie senkte ihre Lider: „Noch einmal möchte ich auf dieser Welt leben!"

Mit versagender Stimme sprach er: „Es gibt kein Zurück mehr!"

Ihr Blick zeigte neuerlich Verstörtheit: „Werde ich sehr einsam sein?"

„Weniger als hier ..."

Blut schoss in ihre Lippen. Heftig presste sie sich an ihn und flehte ihn an: „Umarme mich, halte mich fest, verscheuche die Angst!"

Seine Arme zitterten, als er sie um ihre schönen Schultern schlang. Er bettelte und bat wie noch nie zuvor: „Küsse mich, damit ich ruhig und stark sein werde!"

Eine schmale längliche Wolke segelte nach Westen und verschwand allmählich hinter dem Triglavgipfel. Die Schatten wurden kürzer, das Insektengesumm lauter und um einen ganzen Ton höher.

Der Tasche entnahm Gregor das Taschentuch: „Ich werde dir die Augen verbinden!"

„Nein, bis zum Ende werde ich dir in die Augen blicken!"

Sie stellte sich vor einen mächtigen Baumstamm, der hoch in den reinen Himmel ragte. Sie stand stramm da. Der Schleier umwallte sie würdevoll. Nelke und Rosmarin begannen zu duften. Sie blickte hinab ins Tal, das tief unter ihr im Schein der Frühvormittagssonne lag, das sie aber nicht mehr erkannte.

Er entfernte sich dreißig Schritt von ihr, langsam und gelassen wie ein Landvermesser. Dann blieb er stehen und wandte sich ihr zu. Sie blickten einander an, aber sahen sich nicht mehr. Obwohl nicht der leiseste Lufthauch zu spüren war, erbebte kaum merklich ein Zweig über Katharinas Kopf. Es kam ihm vor, als hätte ihn ein von ihm niedergetretener Grashalm leicht berührt. Hoch in den Lüften schwebte ein Vogel und glitt im Segelflug über die Baumwipfel.

Er hob das Maschinengewehr und brachte es in Anschlag. Schwerer als sonst schien ihm die Waffe. Als er feuerte, waren seine Hände vollkommen ruhig. Gespannt und aufmerksam lauschte er den Salvenechos. Sieben waren es, so schien es ihm. Er atmete schwer und musste die Augen schließen und neuerlich öffnen, um nicht zusammenzusacken.

Katharina schwankte. Auf ihrer linken Brust zeigten sich rote Flecken. Unaufhaltsam, wie aus sprudelnden Quellen, spritzte das Blut.

Die Zeit verflog im Flug. Lastende Schwere drückte auf seine Beine. Der Boden stürzte unter ihm ein. Er sah ihre ihm entgegengestreckten Arme. Die Bewegung erinnerte ihn an Menschen, die im Traum in ein unbekanntes Land aufbrechen und auf schwankendem Steg nach Gleichgewicht ringen.

Er war in Schweiß gebadet. Er wollte die Waffe heben, um sie abermals auf Katharina zu richten. In diesem Augenblick taumelte die weiße Gestalt mit den roten Flecken. Er bedeckte seine Augen mit den Händen und blieb stehen. Er vernahm den dumpfen Aufschlag ihres Körpers, gleich darauf das Ticken seiner Armbanduhr.

Ein schriller Pfiff warnte ihn. Es war Palček, der auf der Anhöhe Posten stand.

Er warf einen Blick zurück. Dicht hinter sich gewahrte er den Feind. Er griff zur Waffe, war mit einem Satz bei dem toten Mädchen und suchte Deckung hinter dem dicken Baumstamm. Der Feind tauchte rechts und links vor ihm auf. Er aber wechselte das Magazin, kniete nieder und begann zu kämpfen.

Übersetzt von Peter Kersche

TAGEBÜCHER

AUS DEM „PARTISANENTAGEBUCH 1943"

„Wie die Erschaffung der Welt als Überfluss göttlicher Liebe erscheint, so erscheint der Glaube als Überfluss menschlicher Liebe. Glaube ist eine einzige Freigebigkeit, ein Urvertrauen, das auf dem Weg zum Ziel eine unerschöpfliche Schaffenskraft ausstrahlt. Wir leben, leider, in einer Periode des religiösen Tiefpunktes, den die menschliche Geschichte gut kennt und der das Merkmal der Erkenntnis trägt: wenn der subjektiv gelebte Glaube geschwächt ist, dann wächst die Illusion des Objektiven. Als ich das kommunistische Urteil über das Christentum hörte, erkannte ich sogleich beide Tatsachen recht deutlich; auf der einen Seite die Kraftlosigkeit des subjektiven Lebens, wie es die heutigen Gläubigen leben, auf der anderen Seite aber die fürchterliche Übermacht geschichtlicher und gesellschaftlicher Illusionen."

„Einst fasste mich Boris Kidrič (Partisanenführer, später Bundesinnenminister, A. d. Ü.) am Arm, lehnte sich auf den Verkaufstisch und fragte mich unerwartet: „Sag mir doch bitte, auf welche Art bist du gläubig? Was bedeutet dir Gott?" - In den Händen hielt ich einige Rosinen, die ich gerade zuvor aus der Lade herausgenommen hatte, schaute ihn erstaunt an und begann beinahe zu stottern: „Ich weiß so manches, doch darauf kann ich dir keine Antwort geben!" - Einige Augenblicke später wusste ich, warum ich das nicht konnte und sagte ihm: „Ich schäme mich, denn mir ist die Wahrheit über Gott geschenkt worden, ich hatte sie mir nicht mit Mühe erworben und daher ist mein Wissen um Gott geheimnisvoll und unaussprechbar. Doch einst werde ich es dir sagen können".

„Das Wesen des Christentums liegt in der Liebe, nicht in der Gerechtigkeit. Es ist aber nur schade, dass ihr euch (die Kommunisten, A. d. Ü.) nicht ungezwungener mit der Gerechtigkeit befasst hattet, die viel pragmatischer ist als die Wahrheit; denn ihr seid eine Geschichte schreibende Bewegung, und die relative Gerechtigkeit kann man nicht mit der absoluten Wahrheit erlangen."

„In kommunistischen Augen erscheint die Schuld des Christentums geradezu phantastisch und entspricht nicht mehr einem soziologischen Realismus. Die Schuld der Menschheit ist immanent und die Sünde ist nicht nur der Ausdruck einer moralischen Ausweglosigkeit, sondern auch die Möglichkeit eines neuen Anfangs; das Schuldgefühl des Gläubigen ist die Quelle des Wunsches nach Veränderung und Verbesserung ... Bist du denn davon überzeugt, dass wir mit der slowenischen Revolution unsere Menschen völlig befreien werden? Auch unsere Revolution wird einmal degenerieren. Von den Christen fordert ihr ein zu großes Vorbild und moralische Vollkommenheit und vergesst dabei, dass der Christ wegen seines Glaubens moralisch nicht privilegiert ist und dass sich die christliche Gemeinschaft ebenso menschlich entwickelt wie alle anderen Gemeinschaften."

Übersetzt von Lev Detela

AUS DEM TAGEBUCH 1949
(Veröffentlicht 1999)

12. Januar

...Etwas Ungesundes liegt in der Luft, etwas Ungesundes ist an sich im Menschen und in der Welt.

7. März

...Stürmische Träume... Ich war zu Hause in Sv. Jurij. Es herrschte angespannte Stimmung. Eine unsichtbare Kraft verfolgte die Priester und ihre Freunde. Ich weiß, dass einer der Priester in der ersten Dämmerung von einem Gewehrschuss gestreift wurde. Obwohl ich Angst spürte, ging ich ins Pfarrhaus und blieb mit den Priestern in Kontakt. Trotzdem begann ich mich zu verstecken.

8. März

...In neuen Träumen erlebte ich die rührende Liebe zu einem angenehmen einfachen Mädchen, das nicht einmal schön war, doch die regelmäßigen Züge der jungen Frau waren besonders reizvoll. Ich war so durchtränkt mit dieser Liebe, dass ich sie noch am Morgen am ganzen Körper spürte, als ich aufwachte. ... Es scheint mir, dass solche Traumlieben eine unerschöpfliche und frische Speise für den Tagesverlauf sind, gequält zwischen rationalen Gegebenheiten, Konventionen und der so genannten Geschichtlichkeit. Noch jetzt, als ich das niederschreibe und draußen schon Mittag ist, bewegt sich in mir die Freude wegen der unbekannten Frau, die inmitten der Natur saß und der ich meinen Kopf, den sie rührend streichelte, auf die Knie legte.

29. März

...Auf Schritt und Tritt beobachte ich immer größere Vulgarität der Leute, die vor dem Krieg diszipliniert, besonnen und bedächtig gelebt haben ... Der Zauber des Ethos und der Poesie nimmt so erschreckend ab, dass ich in jedem Lokal, in dem sich mehrere Leute befinden, Spuren der dämonischen Destruktivität und der nackten Animalität entdecke.

21. Juli

...In Ljubljana, Kranj (Krainburg) und in anderen Städten ist die Mobilisierung der Arbeitskräfte im Gange. In Ljubljana wurden durch polizeiartiges Vorgehen etwa 700 Leute abgeführt, in Kranj 500. Die Agenten kommen wie bei einer richtigen Polizeirazzia. Der Arretierte darf nur eine Decke und Unterwäsche mitnehmen und muss sofort die Wohnung verlassen, die versiegelt wird. Diese Unglücklichen werden in die Arbeitslager gebracht, nach Bosnien, nach Montenegro, zum Skutarisee. Ich kann nicht glauben, dass das wahr ist. Wie kann die jugoslawische Partei das sowjetische Volkskommissariat NKVD kritisieren und im gleichen Atemzug seine Methoden nachahmen.

21. Juli

...Heute träumte ich, dass in Sv. Jurij die politischen Größen in der Nähe der Sakristei eine unbekannte Feier vorbereitet haben. Wahrscheinlich ging es um ein Jubiläum der Partisanen. In meiner Nähe erschienen die Genossen in schwarzen Anzügen, einige trugen Uniformen, geschnitten wie für Diplomaten ... Ich fühlte mich nicht wohl ... Meine schwarzen Hosen verwandelten sich in graue, die schwarzen Schuhe zu zerrissenen, das weiße Hemd ins braune mit Streifen,

die Krawatte konnte ich nicht finden ...
...In diesem Augenblick kam eine Soldatentruppe herangeschritten, und der Autobus des Roten Kreuzes brachte den Marschall und den Präsidiumspräsidenten Ribar, der völlig betrunken war ... Der Marschall nahm inzwischen aus dem Schoß einer Mutter den Säugling und begann ihn mit besonderer Freude in die Luft zu werfen, als ob er mit ihm spielen wollte ... Später spazierte ich mit dem Marschall im wild wuchernden Garten. Er sprach mit mir in einer Weise, als ob er nicht mehr Kommunist wäre. Er zählte die Fehler der Partei auf, kritisierte die besondere dialektische Verwendung der Gewalt, den modernen Machiavellismus. Das Gespräch war herzlich, der Marschall drückte mir die Hand. Später, inmitten der Gesellschaft, blickte er die ganze Zeit in meine Richtung, er suchte meinen Blick und lächelte ergeben zu mir, fast traurig.

26. Juli

...In Ljubljana laufen richtige Razzien, man macht Jagd auf die arbeitslosen Leute. Im Stadtteil Šiška entsteht ein richtiges Lager, das Volk nennt es „das neue Dachau". Die Angst ist groß. Sie bekommen besondere Kleidung, werden geschoren und zur Zwangsarbeit geschickt.

9. August

...Professor Kopriva zitierte beim Besuch die Worte des „großen" sozialistischen Pädagogen Šmit während der Vorlesung an der Laibacher Universität: „Wer metaphysisch veranlagt ist, ist nur als Straßenbahnfahrer geeignet!" Bei dieser Weisheit lachten wir alle schallend.

10. September

...Gestern ... habe ich geträumt, wie ich mich durch eine riesige Fabrik, die noch nicht fertig gebaut war, bewege ... Ich erblickte Stalin, umgeben von unseren heimischen Politikern, überwiegend aus Ljubljana. Er reichte mir die Hand wie ein alter Bekannter, so dass ich mich zu seinen Gefolgsleuten zählen konnte. Plötzlich waren sie irgendwo, allein und vorsichtig ... Stalins Gesicht war nicht mehr so asiatisch ..., der Kopf war europäisch, der Schnurrbart kürzer ..., seine Worte slowenisch und freundlich.

19. September

...Die Altertümlichkeit des heutigen Tages erschütterte mich so sehr, dass ich jetzt umso mehr die Unerbittlichkeit der Entfremdung spüre, die uns die Zukunft bringen wird. Wir marschieren weiter, wir entwickeln uns weiter, doch immer ins Negative. Doch wir können nicht mehr zurück, unsere Lage ist absurd, man muss sich an etwas hängen, vor dem man Angst hat.

27. September

...Im Traum befand ich mich in einem Garten, der von niedrigen japanischen Häusern umgeben war, die sich in romantische Ruinen verwandelten. Überall lagen, saßen oder ruhten Menschen, Männer und Frauen. Zwischen ihnen herrschte angespannte, sensitive Stimmung. Die Frauen waren nur halbgekleidet, sie benahmen sich verlockend, ungezwungen, anstößig, recht pervers ... Die Männer waren wie betrunken ... Ich sah viele bekannte Gesichter ...

...Mein Geburtstag. Ich bin unzufrieden. Ich möchte vergessen, dass ich ein schlechter Mensch bin und viele Gelegenheiten versäumt habe, die mir Engel anboten. Ich musste der Zeuge des höchsten Lebens inmitten der niedrigsten Gegebenheiten des Lebens sein.

23. Oktober

...Ich meine, dass sich die Dinge so entwickelt haben, dass auch die Atheisten und vor allem die Nichtchristen bestrebt sein müssen, als Rettung vor der Katastrophe ... in der Praxis die christliche Hierarchie wiederherzustellen ... Die christliche Hierarchie: Gott als Begründer der Ordnung, als Herr und als Richter ... Gott leitet die Geschichte und wer an Gott glaubt, der strebt nach Heiligkeit. Nur so kann er die jetzige übermäßige und zerstörerische Macht überlisten ...

24. Oktober

...Das Moskauer Radio ... meinte über Tito: „Hitlers Rattengift oder Mussolinis Galgenstrick warten auch auf diesen Zwerg vom Balkan!"

26. Oktober

...Radio Moskau beschimpfte heute in der slowenischen Sendung Tito mit den schlimmsten Pamphletausdrücken, die die zeitgenössische Feder einem führenden Politiker zugedacht hat. Dieses Pamphlet veröffentlichte die Literaturnaja Gazeta. Die Zeitung nennt Tito einen Dieb, Banditen, Deserteur, Affen, er ist für sie eine Figur, die an Göring erinnert. Er wird als Verräter, Papagei und so weiter bezeichnet. Die Russen haben sich mit ihren Methoden so tief erniedrigt, dass sie sogar vom Londoner Rundfunk kritisiert werden.

3. November

...Ich sehe meine Kinder, und mein Herz wird von einem schrecklichen Schmerz überwältigt. Hunderte von Menschenleben belasten das Gewissen von Kidrič und Kardelj (führende slowenische kommunistische Funktionäre, A. d. Ü.), doch das beunruhigt sie nicht. Mich aber drückt gerade dieses Grauen zu Boden, da ich ihre Sünden ahnte und nichts dagegen unternommen habe.

5. November

...Im Traum befand ich mich in einer unbekannten und praktisch unmöglichen Zeit, zwischen den Partisanen und der Freiheit, in einer menschlichen Vorhölle ... In meinem Herzen brannte die zarte Liebe zu einer Frau, die ich mir nicht vorstellen konnte und die mich aus der Ferne anzog.

11. November

...(Bei uns) geht es um die materialistische Gleichschaltung der Kultur und des Geistes. Nur eine einzige selig machende Philosophie, die du, willst du es oder nicht, akzeptieren musst, sonst bist du zum Schweigen, zur Passivität, zum Tod verurteilt. So sprach auch Goebbels. Wo ist dann der Unterschied zwischen den Methoden des russischen Kommunismus und den Methoden des jugoslawischen Kommunismus? Wenn du zuhause alles gleichschalten willst, warum widersetzest du dich in der Beziehung zur UdSSR der politischen und gesellschaftlichen Gleichschaltung? O ihr Derwische der kommunistischen Partei Jugoslawiens, zeigt mir das Fundament, auf dem ihr steht!

Übersetzt von Lev Detela

AUS DEM „DEUTSCHEN TAGEBUCH"

Kein Land, das der Slowene heutzutage betritt, fordert ihn zu einer so bewussten und verantwortungsvollen Aufnahme der Eindrücke, Erlebnisse und Schlussfolgerungen auf, als die Reihe der deutschsprachigen Länder, die sich von den Karawanken bis zur Nordsee erstrecken.

Während der ganzen Reise werde ich ohne eigene Schuld und eigenen Verdienst der Konfrontation mit historischer und moralischer Realität, die sich bis jetzt am stärksten der slowenischen Menschlichkeit genähert hat, unterworfen. Alles, was ich erfahren und erleben werde, werde ich in den Dimensionen der komplizierten jahrhundertelangen Nachbarschaft feststellen und beurteilen, mit der Unruhe, die das Deutschtum in Mitleidenschaft ziehen wird, und mit Schlussfolgerungen, die für das Slowenentum schmerzlich sein werden. Diese Wechselbeziehung aus der totalen Fragestellung und der totalen Beantwortung ist eine Beziehung zwischen der Verneinung und Bejahung, wie sie bei uns Slowenen im Kampf mit den deutschen Eroberern und Unterdrückern erlebt und entgegengenommen wurde, als wir an dem inneren Drama des deutschen Bewusstseins Anteil genommen haben. Auf der einen Seite beraubten uns die Bayern, Franken, Salzburger, Bamberger und Habsburger unserer äußeren Freiheit, auf der anderen Seite aber halfen uns die Bewegungen des deutschen Geistes beim Schreiben unserer ersten Dokumente über unser Sein; von den Freisinger Denkmälern über das Ritual der Herzogseinsetzung am Feld bei Maria Saal in Kärnten bis zu Trubars Katechismus und den Anfängen des slowenischen Schrifttums, ist dies präsent. Sie ermöglichen uns unsere barocke Zivilisation und Lebensfreude, die Romantik als die Begründung unserer Nationalkultur, die allgemeine Bildung als den

Ausgangspunkt für den ersten kosmopolitischen Aufschwung des Slowenentums.

Diese beiden historischen Beziehungen sind der unmittelbare Ausdruck der leidenschaftlichen und dämonischen Strömungen, die die Deutschen selbst plagten, ihr Schicksal verdunkelten oder erhellten und die tragischsten Gegensätze, die die Völker Europas kennen gelernt haben, schufen. Ohne diese Dynamik des deutschen Schicksals wäre das slowenische Schicksal nicht möglich und ohne der so unruhigen deutschen Genialität wäre wahrscheinlich das Werden des slowenischen Genies nicht gegeben. Die deutschen Dämonien und Katastrophen waren unser Glück und Unglück, die Blitze des deutschen Geistes haben auch unseren Himmel erhellt, sie forderten unseren Geist zur Originalität und zum Widerstand gegen Fremdsein und Entmenschlichung auf. Vor zwanzig Jahren (1941) verurteilte uns die gefährliche Ekstase des Deutschtums zum Tode, doch zugleich schenkte sie uns die Gelegenheit für die bis jetzt mühevollste und erfolgreichste Befreiung in der Geschichte. Zwischen dem deutschen Goliath und dem slowenischen David ist so ein furchtbar gefährlicher, aber zugleich heilbringender intimer Dialog der Geschichte und des Geistes, des Hasses und der Liebe entstanden, der unsere Nachbarschaft für immer bestimmt und jetzt auch mein Empfinden erfüllt. Darum habe ich vor dieser Reise zugleich Angst und Freude. In mir werden unabsichtlich alle Streitigkeiten zwischen uns erweckt, alle schweren Erinnerungen werden wach, alles Hinuntergedrückte wird sich mit dem betörend Geretteten, mit dem Analogen und dem Identischen vermischen, ich ahne, dass ich die unbekannten Möglichkeiten unseres Menschwerdens erblicken werde, die Gefahr wird sich erneut mit der Sicherheit verbinden.

Wir schnellten aus dem Tunnel. Rosental, die Drau, hinter ihr die dunklen Berge in der Abenddämmerung, vornächtliche Feuchtigkeit, das stille Zittern, mit gewaltigem Wurzelwerk. Ich blickte durch das Fenster und fand kein Wort. Der größte und der schönste slowenische Friedhof. Im Faaker See spiegeln sich die Lichter, in den Kirchen läutet es zum Abendgebet, der Zug rennt und versucht der Landschaft den Schein einer sanften Irrealität zu geben, doch die Dämmerung ist mit Erscheinungen überfüllt, die Erinnerungen bewegen mein Bewusstsein, ich überließ mich der schrecklichen Übermacht. Aus den bitteren Düften des herbstlichen Bodens näherte sich mir leise der alte, gute, namenlose und hoffnungslose Schmerz, der tausendjährige Schmerz, der Ärgernis an sich selbst nimmt und sich mit sich selbst aussöhnt. Die Schläge und das Zuflüstern, der Missbrauch des Körpers, die Blutschande, die Vergewaltigung des Geistes, das Terrorisieren der Seele, das Beflecken der Träume, die Erniedrigung des Wertvollen und die Verspottung der Muttersprache.

Warum hat die Gewalt die Slowenen an der deutschsprachigen Grenze schicksalhafter in Mitleidenschaft gezogen als der Antisemitismus, das Judentum oder der Rassenekel die Neger? Darum, weil sich die Juden mit den Eigenschaften wehren, denen sie nicht entsagen können, mit den Zeichen der Rasse, mit den religiösen Kulthandlungen, mit den intellektuellen und lebenswahren Fähigkeiten. Darum, weil sich die Neger mit ihrer Haut, aus der sie nicht fahren können, mit ihrer Vitalität und ihrem Animismus verteidigen. Die beiden sind schon durch die Natur immun gegen den Verrat und das Verfremden, sie wehren sich mit ihrer unausrottbaren und unveränderbaren Andersartigkeit. Der Slowene unterscheidet sich zu wenig von seinen Nachbarn und ähnelt zu sehr seinen Unterdrückern, das hat schon der Triestiner Schriftsteller Boris

Pahor festgestellt. Die Deutschen waren darum nicht bestrebt, uns physisch zu vernichten, sie wollten uns assimilieren. Dabei haben uns weder die politische Souveränität noch die wirtschaftliche Expansion gerettet, weder die besondere Haut noch die fremd strukturierte Sprache, weder das starke Heidentum noch das orthodoxe oder glagolitische Christentum, die slowenische protestantische Kirchlichkeit oder das auf das ganze Slowenien ausgebreitete religiöse Konzept von Aquileia, vor unserem Schicksal bewahrt. Wir waren die Katholiken und die Alpenbewohner, so wie die Deutschen, wir haben die gleiche Zivilisation übernommen und die gleichen Katastrophen miterlebt. Darum kam der germanische Geist zu den Slowenen als die ungeheuer intime Versuchung, als die Übermacht des Schicksals über die Willensäußerungen, als die Idee der Einheit über der Idee der zwischenmenschlichen Solidarität. Der Deutsche war im Begriff, der Herr des Raumes zu werden, er wollte den Raum gleichstellen, er näherte sich den Slowenen, er schlich sich in ihre Reihen und warb, lockte und flüsterte ihnen zu: entsage deiner Hirtensprache, dass du wie einer von uns sein wirst, den man zu den Entwickelten und Erfüllten zählt, verlasse deine Art des niederen Menschen und werde ein höheres Wesen, schließe dich den Zahlreicheren und den Starken der Erde an, vermehre damit deine Hoffnung und nütze die Gelegenheit aus, auf der Erde gelten nur die großen Sprachen, die großen Taten, nur die Macht und der Reichtum, alles andere sind Verirrung und Unruhe, Verlassenheit und Armseligkeit, Rückständigkeit und Gespött, ein einziges trauriges Sterben. Die deutsche Gewalt sprach zart und leise, jedem einzelnen flüsterte sie gesondert ins Ohr, mit den Bildern des Soldatentums, mit den politischen Parolen, wirtschaftlichen Berechnungen, marxistischen Definitionen und Worten der Bibel, im Zug und auf dem Feld, auf dem Finanz- und Gemeindeamt, in der Schule und auf dem Jahrmarkt, ständig, von Tag zu Tag, von Jahr zu Jahr, mehr als zweihundert Jahre lang, zuletzt waren die Schläge schon ganz weich, betäubt, die Gespräche wurden schon im süßen Taumel geführt, als völlig gerechte Übermacht der Geschichte über die Natur. Hinter diesem Prozess der Verfremdung stand ganz Europa, sein Idealismus, Positivismus und Materialismus, so dachten die Enzyklopädisten und Hegel, die Nationalismen und die Kommunarden, die Bischöfe von Salzburg setzten die Verkündung des kämpferischen Christentums fort, Marx aber hielt die Slowenen zusammen mit anderen slawischen Nationen für ein barbarisches und untüchtiges Volk. Verwundert es dann, wenn Tausende und Zehntausende in die Knie sanken und in der Verzweiflung und Unwissenheit die Pfeiler der deutschen Brücke zur Adria wurden? Doch dieser Prozess der Kolonisation nützte weder den Kolonisatoren noch den Kolonisierten. Die Kolonisatoren wiegte er noch mehr in die gefährlichen und ekstatischen Einbildungen ein, den Kolonisierten hat er aber seelisch entstellt und in seiner Wesenheit verunstaltet. Wer aus dem Slowenentum zum Deutschtum überwechselte, begann menschlich zu vegetieren, da der Deutsche ihm nur die Mythen über Größe, Macht, Wirkung, Wohlstand und Glück der Zivilisation anbot, und nichts darüber hinaus. Neben einigen Zehntausenden treuen Slowenen, denen ihre Heimat nie eine echte Dankbarkeit erwiesen hat, leben heute in Kärnten Zehntausende von denen, die nur den slowenischen Namen tragen, und Tausende der Amphibien, die sich nur noch im Zustand der Doppelheit und des Zwiespalts befinden, von dieser Schizophrenie werden sie aber wahrscheinlich nie mehr genesen.

***

Wir nähern uns Salzburg. Nie habe ich es gemocht, das ist die Stadt, die in der Geschichte dem slowenischen Volk am meisten giftig gefährlich war, vielleicht stärker als Graz und Wien. In Salzburg liegt, wie der Historiker Friedrich Heer meint, die Urform aller Konflikte zwischen dem Osten und Westen Europas. Rom übersah die Bedeutung der slawischen Stämme für die christliche Zukunft, dies begriff und nützte Byzanz aus und begann schnell das Evangelium in der Volkssprache zu verbreiten. Rom und Salzburg verstanden diese Geste als nur politische Handlung und traten der Slawisierung des Christentums mit der listigen Stellungnahme entgegen, dass angeblich die lateinische Sprache der Garant für die Rechtgläubigkeit ist. Der Konflikt begann mit der Verfolgung des Erzbischofs Method, entwickelte sich in den folgenden Jahrhunderten in das Widerspiel zwischen dem lateinischen und griechisch-slawischen Geist und festigte sich heute als der Kampf zwischen den zwei gesellschaftlichen Systemen. Dieser Konflikt war wahrscheinlich unvermeidlich, obwohl es an seinem Anfang möglich gewesen wäre, ihn durch die Pluralität der religiösen Riten in der christlichen Kirche wenigstens teilweise zu mildern. Die Ursache für das Nichtzustandekommen dieser neuen kirchlichen Form liegt in der Denkart der deutschen Bischöfe, vor allem aber in der Herrschsucht der Salzburger Metropoliten. Sie waren die würdigen Genossen der ostdeutschen Kreuzritter, die das Christentum mit Feuer und Schwert verbreiteten. Sie hielten sich für die autoritativen Begutachter und Führer des geistigen und politischen Schicksals der mitteleuropäischen slawischen Stämme.

***

Ich wundere mich, dass sich bis jetzt noch kein slowenischer Historiker mit dem Phänomen Salzburg auseinandergesetzt hat. Es ist nicht nur das moderne Zentrum des österreichischen Tourismus, auch nicht nur die Stadt von Mozarts Schaffen, die Stadt der Bibliotheken, barocker Paläste und Schlösser, Konzertsäle und amerikanischer Kurse, sondern Alcazar der gegen Osten ausgerichteten deutschen militärischen und kirchlichen Formationen, die Stadt des Glanzes und der Gewalt, des gepanzerten Rittertums und der schweren bischöflichen Ornate, der Mittelpunkt der Fürsten, die - Zufall der Geschichte - zugleich auch Bischöfe waren, allen Versuchungen dieser Welt hingegeben, verbunden dem Götzendienst der Magie und buddhistisch in die Lust der Eroberungen und der Macht vergafft.

***

Wie ist es aber heute mit der slowenischen Minderheit in Kärnten?

Die jetzige Stärke und Schwäche der Kärntner Slowenen sind der direkte Ausdruck der Krise, die für das zentrale Slowenentum ausgerechnet mit der Volksbefreiung begann. Die gesellschaftliche Umformung begann ohne überzeugende Verbindung der nationalen Interessen mit den gesellschaftlichen Zielsetzungen. Die wirtschaftliche Entwicklung wurde als der vorrangige Prozess der Industrialisierung und Technisierung verordnet, die Überbewertung der materiellen Nützlichkelten artete in Einseitigkeit aus, die individuellen und die kulturellen Werte wurden lediglich als die Funktion des Materiellen betrachtet. So öffnete sich auch der stille Gegensatz zwischen der Auffassung über die Nationalität, die den Slowenen anthropologisch begründete, und der revolutionären Internationalität. Der öffentliche Raum wurde seichter, das slowenische Leben verirrte sich in eine gefährliche Oberflächlichkeit und Leichtlebigkeit, die Machthaber,

Aktivisten, Direktoren und Journalisten verbreiteten den Positivismus anstatt des dialektischen Materialismus, die gesellschaftlichen Denker beschäftigten sich mit Varianten des Dogmatismus, die Volksmassen begannen dem Kult des Standards zu huldigen.

Das Drama des Slowenentums lag in allen Zeiten im Streit zwischen den Universalismen und der Besonderheit des slowenischen Sendungsbewusstseins. Auf allen Ebenen unserer Geschichte und Geographie waren wir fortwährend Opfer des falsch verstandenen Fortschritts, der Verallgemeinerung und Vereinfachung. Ständig beteiligten wir uns an Bewegungen, die über unsere Bestimmung wuchsen und deren Schwerpunkt uns in die Irrealität fortwirbelte. Keine allgemeinmenschliche Bewegung verweilte bei uns so wie bei den anderen Nationen, um sie mit ihren Ideen zu verändern und die Prozesse zu verursachen, die nicht anders als selbstgenügsam sein konnten.

Wir hoben uns selbst auf den Schild, dass uns die universelle Idee trug, wohin sie wollte, ins Jenseits, in die Mustergültigkeit, in den Kosmopolitismus, Panslawismus, Humanismus, in die Grundsätzlichkeit, zu den Theoremen und Visionen des Mächtigen, Feierlichen, Kosmischen. Die slowenische Entmenschlichung erblicke ich nicht so sehr in der Suggestion der universellen Ideen, sondern im Glauben an sie, den wir jedes Mal grenzenlos für sie entwickelten.

Jedes Mal wurden wir äußerst blinde Bewunderer der Kryptogramme des messianischen Geistes, so dass wir uns wie unbeabsichtigt in die Berechnungen jener einfingen, die sie jedes Mal für die egoistischen Ziele ausnützen konnten ... Darum wiederhole ich noch einmal: das Drama des slowenischen Bewusstseins fußt im fortwährenden Unterliegen der slowenischen Besonderheit gegenüber den Universalismen, die im derzeitigen Stadium der menschlichen Entwicklung unabkömmlich als das Werkzeug des Stärkeren, als denjenigen, den bisher noch jede Macht in die Versuchung der Gewaltanwendung brachte, auftreten. In jeder durchdachten und souveränen Entscheidung müssen die Slowenen den Ausdruck ihres Seins bewahren und bei ihm bleiben, denn die Erfahrung sagt immer wieder: das Slowenentum ist so viel wie die Menschlichkeit.

(1969)

Übersetzt von Lev Detela

ESSAYS

AUS DEM BAND „GEGENWARTSPHILOSOPHEN“ (SODOBNI MISLECI, 1981)

SÖREN KIERKEGAARD

1

Sören Aabye Kierkegaard wurde im Jahre 1813 als das siebente und letzte Kind aus zweiter Ehe eines jütländischen Kaufmannes in Dänemark geboren. Seine Eltern übersiedelten bald nach Kopenhagen. Die pietistische Umgebung des Zuhauses bestärkte im Kind die schwermütigen und grübelnden Neigungen. So bildete sich in ihm schon früh eine tiefe Melancholie aus, verbunden mit der symbolisch-schöpferischen Vorstellungskraft, der Neigung zur Einsamkeit und einer Art von aristokratischem Pessimismus, der später in die religiöse Transposition wuchs. In diesem dunklen Selbstwerden spielte sein Vater eine große Rolle. Mit konsequenter Ernsthaftigkeit und Gottvertrauen führte er ihn in die Geisteswelt ein und erweckte in ihm den Wunsch nach der totalen Wirklichkeitserfassung. Der ruhige und gescheite Vater förderte zugleich im Sohn den Sinn für die Bewunderung der Ordnung und der absoluten Autorität, wodurch er ihn noch mehr im ernsthaften nordischen Christentum bestätigtem So erwarb er bereits in der Jugendzeit in religiösen Gesprächen mit dem Vater eine besondere Subtilität und Sicherheit der Gedankenbildung, was in seinem Inneren neben einem starken und bildhaften Erinnerungsvermögen auch den Realitätssinn für

Pflicht, Sünde, Leiden und Einsamkeit entwickelte.

Diese ernsthafte Jugendzeit erlosch aber völlig, als ihm der Vater auf dem Sterbebett das erschreckende Geheimnis seines Lebens anvertraute. Sören gab dieses Geheimnis nie gänzlich preis, doch sprach er erschütternd darüber. Es scheint, dass es sich um eine Art Gotteslästerung und um das ehemalige Zusammenleben des Vaters mit seiner Magd handelte. „Die Erde erzitterte, ein schreckliches Erdbeben stellte mich plötzlich vor die neue und letzte Deutung aller Vorkommnisse. Ich erahnte, dass das große Leben meines Vaters kein Gottessegen, sondern Gottesverdammnis war ... Die Sünde lastet über unserer Familie und die Strafe Gottes kreist über ihr." Das plötzliche Geständnis des Vaters veränderte nicht nur die Vorstellung, die er über seinen Vater hatte, sondern auch Sörens Charakter. Mit dem Ende der Größe des Vaters brach auch seine ganze damalige Denkordnung zusammen. Ungeheure Bangigkeit erschütterte die Grundsteine seines Bewusstseins, in ihm taten sich die grenzenlosen Abgründe des Unsinns auf, er erschauderte in völliger Einsamkeit. Die erste Reaktion war der Aufruhr gegen Gott, der ihm plötzlich in Form des Unheils begegnete. Er flüchtete zu den Menschen und gab sich seinen körperlichen Trieben hin, bevor er sich - müde und beruhigt - noch fester an das Christentum band, nachdem er seine ehemalige Beziehung zum Vater überwunden hatte. „Ich danke Dir, Du himmlischer Gott, dass Du mir für die Tage, in denen ich zu leben habe, meinen irdischen Vater gelassen hast. Er sollte durch Deine Gnade die Freude empfangen, dass er mir jetzt noch ein größerer Vater ist, als er mir zuerst war."

Die Tragödie des Vaters war in Sörens Leben eines der schicksalhaftesten Ereignisse, darum kommt sie in einer ganzen Reihe seiner Arbeiten vor. Als Kandidat der Theologie verlobte er sich im Jahre 1840 mit Regine Olsen. Dies war die zweite schicksalhafte Begebenheit seines Lebens. Kierkegaard schöpfte ungewöhnlich rasch den Zauber der erotischen Erfahrung aus und sah sich mit der banalen Pflicht der gesellschaftlichen Ehe konfrontiert. Entweder fehlte in seiner Liebe die dauernde Spontaneität, weil er eine reflexive Natur hatte, oder es übermannte ihn asoziale Melancholie. Wir können mit Sicherheit sagen, dass ihre Charaktere sehr verschieden waren. Auf der einen Seite die lustige und naive Regine, auf der anderen Seite der stigmatisierte Sören. Die einzige Möglichkeit der Annäherung sah er in totaler Preisgabe aller seiner Geheimnisse und Verstrickungen, doch verschob er ständig diese innerlich notwendige Tat, weil er sich als Vorbedingung für eine grundlegende Beichte das tiefe religiöse Verständnis und die Empfindsamkeit des Mädchens wünschte. Regine bekam vor seinen zu ernsten Bemühungen Angst und begann, sich verwirrt von ihm zu entfernen. Als Kierkegaard einsah, dass er sie nicht glücklich machen konnte, wollte er sich nicht zurückziehen, wie das beim Bürgertum üblich ist, sondern überspitzte die Situation ins Absurde. Mit methodischer Skepsis und mit ständigen Enttäuschungen bereitete er das Ende der Liebe vor, um die Entscheidung, den Bruch beim Mädchen, das ihn sehr liebte, selbst zu erreichen. Ein Jahr nach der Verlobung gingen sie in der Tat müde auseinander. Das ist anscheinend eine unverständliche Liebesgeschichte, doch zeigt sie sich in der Tiefe in einem ganz anderen Licht. „Kierkegaard bemerkte, dass er Regine nicht ihretwegen liebte, weil die Liebe, die sie in seiner Seele erweckte, nur ein Vorwand oder eine Einleitung für die absolute, geistige Liebe war.“[1]

Darum hinterließ auch die tragische Liebe zu Regine Spuren in seinem Inneren. Ab jetzt begann ihn die Verantwortlichkeit zu verfolgen; das Gefühl der Schuld beunruhigte ihn und ließ ihn nicht mehr los.

Noch im Jahre 1849, als Regine schon mit einem anderen glücklich verheiratet war, fühlte er die Notwendigkeit, ihr alles zu erklären. Er schrieb ihr in einem Brief, den sie erst nach seinem Tode erhalten hatte: „Ich danke Dir für jene Zeit, da Du mein warst, danke Dir für alles, was ich Dir schulde, ich danke Dir, meine schöne Lehrerin, dass Du mich unterrichtet hast mit Deinem kindlichen Herzen, ich danke Dir für alles, was Du mich mit Deiner Lieblichkeit gelehrt hast, wenn schon nicht mit Deiner Gelehrsamkeit. Ich danke Dir, oh Du schöne Lilie, mein Vögelchen, mein Heimweh. Auch für Deine Tränen danke ich. Ach, warum so viele Worte? Mein Leben spricht für sich. Du warst meine einzige Liebe und mit Deiner Heirat bist Du unter den Lebenden das Wesen geworden, dem ich zu höchstem Dank verpflichtet bin. Ich bin fest überzeugt, dass der Augenblick gekommen ist, wo Dir wenigstens diese stummen Zeichen gut tun werden, weil Du meine Stimme nicht mehr hören wirst."

Nach diesen großen, bestimmenden Erschütterungen fand er sich zurecht. Innerlich gesammelt und bestärkt durch die Treue zu seinem Schicksal, betrat er den einsamen Weg seiner Visionen. „Der Bruch mit Regine war für Kierkegaard nicht nur der Anfang einer neuen emotionellen Entwicklung, sondern auch die tiefe Erneuerung seiner Gedanken, die in seinen Arbeiten Ausdruck fand."[2] Kierkegaard begann, die Bücher, die ein mächtiger geistiger Ausdruck des Lebens sind, zu schreiben. Die ersten Werke schrieb er völlig anonym, er verheimlichte den Schriftsteller in sich selbst, manchmal sogar die Originalität des Werkes an sich, das er tagebuchartig oder reportagemäßig entwickelte. Keine von seinen Arbeiten gehört zu einer ganz bestimmten Gattung. Es sind keine Romane, Novellen, Tagebücher, Traktate, lyrischen Werke oder Satiren, sondern Verbindungen aus allen diesen Gattungen. Kierkegaard wollte diesbezüglich auch keine reinen Inhalte oder Systeme anbieten, sondern den geistigen Stoff, der dem einzelnen beim Zurechtfinden im individuellen Leben dienen sollte.

Nach den ersten Arbeiten, in denen der ästhetische Wille überwiegt, und von denen die hervorragendsten „Entweder - Oder", „In vino vertitas", „Skizze über die Angst" heißen, folgen die Werke, die noch eine intensivere Ausrichtung zur Zeugenschaft aufweisen, wie „Furcht und Zittern", „Die Lehre des Christentums", „Die Stadien auf dem Lebensweg", „Unwissenschaftliche Beifügung", „Die letzten und entscheidendsten unwissenschaftlichen Bemerkungen". Als ihn das dänische satirische Blatt „Der Seeräuber" anzugreifen begann, nahm er den Kampf auf. In diesem schweren Lebensabschnitt schrieb er seine bedeutendsten Bücher, zum Beispiel „Traktat über die Verzweiflung" und „Die Krankheit zum Tode". Ständig innerlich sich betätigend, allein, verwundet, aufrichtig, ironisch und liebevoll, reifte er zu einer immer stärkeren intellektuellen Persönlichkeit heran. Trotz der geistigen Einsamkeit lebte er ungewöhnlich lebhaft und wach, offen gegenüber allen Begebenheiten der Welt. Sein Interesse erstreckte sich von der Naturbetrachtung, Beschäftigung mit dem griechischen Schrifttum, den Märchen bis zum Theater und der Musik. Es durchdrang ihn ein immer leidenschaftlicheres Streben nach Wahrheit, nach der lebendigen und gesamten menschlichen Wahrheit; der geistigen Ausbreitung folgte die innere Sammlung, der freien Allgegenwärtigkeit die Bindung an die Arbeit, dem erotischen Kennenlernen die satirische Verbitterung, über alle Schärfen und Dunkelheiten trieb ihn der feurige, fast phantastische Wunsch nach Klarheit. Er lebte ständig an der Grenze großer Spannungen, traurig wegen der Tiefsinnigkeit und tiefsinnig wegen der Traurigkeit.

Als im Jahre 1854 der lutherische Bischof Mynster verstarb und ihn Professor Martensen, sein späterer

Nachfolger als Bischof, in einer Gedenkrede den „großen Bezeuger der Wahrheit" nannte, kritisierte Kierkegaard die Verwendung solcher Worte. Er prangerte öffentlich die scheinheilige und salbungsvolle Art des evangelisch-lutherischen Christentums an und verteidigte die Absolutheit des christlich-personellen Beispiels. Dadurch zog er sich den Ärger der Kirche und den persönlichen Hass ihrer Pastoren zu. Es begann der öffentliche Kampf gegen Kierkegaard, vor allem dann, als Kierkegaard den Gegnern mit der Herausgabe seiner Monatszeitschrift „Der Augenblick" antwortete. In ihr legte er unbarmherzig die Falschheit des gläubigen Bürgertums und seinen in Wahrheit sterilen antireligiösen Konformismus bloß. Den Gläubigen warf er Faulheit und den Priestern Heuchelei vor und verkündete ein Leben der Bezeugung und des Märtyrertums.

Doch näherte sich auch sein Märtyrertum dem Ende. Er erkrankte wegen zu großer Anstrengungen und starb in seelischer Ausgeglichenheit 1855 im Alter von 42 Jahren. Er wurde ohne den Segen der Kirche begraben, nachdem er noch die letzten Worte aussprechen konnte: „Grüßen Sie mir alle Menschen!"

2

Schon in seinen ersten Werken, die aus dem Teig des persönlichen Lebens geknetet sind, zeigt sich Kierkegaards Wille, der später noch stärker und klarer wurde: der Wille, den Mitmenschen zu zwingen, sich selbst zu finden, seine Verantwortung und den Wert seines Lebens zu entdecken. Das verwirklichte er zuerst bei sich selbst.

Der junge Kierkegaard ist vor allem ein Ästhet. Seine Hauptpersonen stellen die poetische Wahrheit des Lebens dar. Aus der Mehrheit seiner frühen Bücher spricht er als Fabulierer, der die Schicksale seiner Helden philosophisch zu entwickeln versteht. Sein Tun und Lassen ist zwar frei angelegt, doch zum Schluss in scharfe Antithesen, die eine immer dringendere Auswahl verlangen, gekleidet. Auf einer Seite ist er ein poetisch gestimmter Schriftsteller, den das Tun des lebendigen Menschen angesichts der großen Ereignisse interessiert, auf der anderen Seite aber auch der Schöpfer einer ganzen Reihe von bestimmten Typen, die bedingt schon in eine Ordnungsreihe gefunden haben. Auf diese Weise ist Victor Eremita zu verstehen, dieser fünfte und letzte Gast an dem geheimnisvollen Festmahl in der Erzählung „In vino veritas", der ungewöhnliche Gedanken über Eros und Frauen entwickelt. Ihm ähneln aber auch andere Protagonisten, die alle die elitären, hochfliegenden, symbolischen, einsamen Gedanken über das Leben und das Schicksal äußern. Durch sie spricht der junge Kierkegaard; die Gedanken dieser Helden stammen aus Kierkegaards Tagebüchern, sie bewegen sich in Richtung der Schatten, die die Erinnerungen an sein Leiden geworfen haben. Der nordischen Romantik ist es eigen, dass sie „die Wirklichkeit in die Poesie transfiguriert, dass sie sie im Augenblick zu verlieren versucht und sich zuletzt in den Erinnerungen verliert."[3] Diese romantische Selbstäußerung ist im Grunde das Heimweh nach dem Absoluten, darum erweckte sie in Kierkegaard nicht selten den Wunsch nach dem Überwinden der banalen Alltäglichkeit und den Willen nach fast übermenschlicher Prägung der Wirklichkeit.

Das romantische Genie überschreitet die Ebene der Allgemeinheit und strebt nach dem Besonderen. Die ersten Helden Kierkegaards neigen zur Erhabenheit, die nur für einzelne erreichbar ist. Victor Eremita spricht: „Von allen lächerlichen Begebenheiten ist die lächerlichste, sich beengen zu lassen in dieser Welt, ein Mensch zu sein, der pünktlich arbeitet und pünktlich die Mittagessenszeit einhält !" Für Kierkegaard ist der geniale Mensch zugleich antibürgerlich orientiert. Eine Ausnahme, etwas Außergewöhnliches, Überdurchschnittliches, Einzigartiges zu sein, bedeutet gleichzeitig, sich von der seichten Alltäglichkeit loszureißen, sich zu verändern und in Kühnheit, Plötzlichkeit, Spontaneität näher der persönlichen Wahrheit zu leben. Diese Philosophie der ersten Arbeiten, die tief in Kierkegaards Schicksal an sich wurzelt, ähnelt sehr dem pessimistischen Aristokratismus von Schopenhauer (und zum Teil von Nietzsche): sie will die Existenz durchleben und hat keine Angst vor den Leiden des Lebens. Dieses Leiden kann sie nämlich mit ästhetischer Kontemplation dämpfen; je genialer man lebt, desto ästhetischer erträgt man das Schicksal.

Doch mit seinem ästhetischen Lebensstil konnte Kierkegaard nicht endgültig die großen Kontroversen des Lebens meistern und den Abgrund zwischen Leben und Sinn überwinden. Auf dem Grund blieb die ungelöste Frage nach dem verbindenden einheitlichen Sinn. Als sein beunruhigter Geist im Alten Testament und bei Shakespeare Zuflucht suchte, und als er mit immer größer werdendem Entsetzen die Leere verspürte, bemerkte er, dass ihm etwas Wesentliches, ein Regulator, der außerhalb des Menschen existiert, fehlte. Er schauderte in Angst, die ihn nicht mehr losließ; Bangigkeit des Geistes und des Herzens überwältigten ihn. In der ganzen Geschichte des modernen Geistes finden wir keinen anderen Menschen, der die geistige Ungewissheit gründlicher als Kierkegaard durchlebt hätte. Je stärker er sich der Wirklichkeit, dem geregelten menschlichen Leben, der Aktualität der Geselligkeit näherte, desto bestimmter vermochte er die Bedeutung seiner persönlichen Tragödien zu erkennen, und je klarer er die Kategorie der Zeit erlebte, desto schrecklicher wurde die Ungewissheit. Die Angst stellte ihn in persönlichen Ereignissen gänzlich in Frage, seine Enttäuschung und die geweckte apokalyptische Unruhe der frühen Jugendzeit demaskierten die Süße der ästhetischen Melancholie. Der Durst nach Ordnung machte ihn mit der neuen, höheren Wahrheit bekannt. Die metaphysische Verzweiflung brachte ihm die ethische Erneuerung.

Es ist klar, dass Kierkegaard nach alldem nicht mehr aus seiner Individualität, die er bis zur Neige gekostet hatte, herausschlüpfen konnte. Darum konzentrierte er sich auf seinen starken Willen; in ihm konnte er sich ganz verwirklichen und sich erlösen. In einer seiner ersten ethischen Schriften „Das Gleichgewicht der ästhetischen und ethischen Elemente der Persönlichkeitsentwicklung" sagt er: „Bei der Erziehung ist nicht von grundlegender Wichtigkeit, dass das Kind dies oder jenes lernt, sondern dass sein Geist reif wird und sein Wille erwacht." Der Assessor Wilchem, der in der zweiten Arbeit „Die Stadien auf dem Lebensweg" der Träger des ethischen Gedankengutes ist, so wie Victor Eremita in der ersten Arbeit der Träger der ästhetischen Gedanken war, äußerte sich auf diese Weise: „Schon sehr früh habe ich tief erfahren, dass etwas, das wir Pflicht nennen und das ewige Gültigkeit besitzt, existiert." Und er erklärt den Begriff Pflicht: „Es ist nicht wichtig, dass der Mensch an den Fingern seine Pflichten aufzählt. Wichtig ist, dass er ein für allemal die Intensität der Pflichten wahrnimmt, und zwar so, dass das Bewusstsein der Pflicht die Bürgschaft des ewigen Wertes seines Seins wird." Die Pflicht ist für ihn also nichts Äußerliches. Sie ist eine innere Verpflichtung, die die ganze Äußerlichkeit umgibt. Kierkegaard trat aus der Welt, die nur aus reinen Einzigartigkeiten zusammengesetzt war, in die Welt der Wiederholungen und der Vielzahl. Jede Arbeit ist bedeutend, jedes Leben trägt in sich seine eigene Botschaft. Die soziale Basis der ethischen Pflicht wird dadurch vom elitären Einzelgänger auf die ganze menschliche Gemeinschaft ausgeweitet. Assessor

Wilchem schreibt den Brief an den Ästheten: „Wer ästhetisch lebt, der lebt fürchterlich." Anstelle der sich verändernden ästhetischen Welt setzte er die Beständigkeit der menschlichen Wirklichkeit, in der Gesellschaft der Menschen bekommt jeder seinen Platz und seinen Sinn. Jetzt beginnt er, die Menschen plastisch zu sehen, ihre Existenz wirkt interessant, ihre Bedeutung beständig, ihre Einzigartigkeit unverwechselbar. „Für ihn ist die Menschheit keine Vervielfältigung von langweiligen und scheinbar gleichen Individualitäten, in deren Mitte nur hie und da das Genie aufflammt, sondern die Gemeinschaft der Existenzen, von denen jede das Zentrum des Bewusstseins der Pflicht, der Menschlichkeit und des Glücks ist."[4] Kierkegaard schreibt öfters: „Cum pietate felicitas." Für ihn als den Ethiker existiert die einzige Großartigkeit in der ständigen, alltäglichen Treue, mit der er seine Aufgabe erfüllt, und in der Seligkeit, die ihm durch das erfüllte Leben gegeben ist. Die Zeit und der Wert finden zusammen; der Mensch muss seinen Platz in der gegebenen Existenz, im bestimmten Sein, finden. „Mein Ich, das mein Ziel ist, ist nicht nur mein persönliches Ich, sondern auch das Ich der Gemeinschaft." So erweiterte er mit der Annäherung an die Wirklichkeit sein Schicksal und bereicherte es mit Ordnung und Kontinuität.

In dieser ethischen Vision stoßen wir aber schon auf die Eigenschaften des dritten, des letzten und bedeutendsten Abschnitts im Leben Kierkegaards. Wenn der Ästhet die Wahrheit im mannigfaltigen Genießen sucht, der Ethiker in männlicher Erfüllung der Pflichten und in der Genugtuung, die dieser folgt, dann gelangt der Mensch, der noch eine höhere Ebene erklimmt, weil ihm das moralische Glück nicht mehr genügt, in die Religiosität. Kierkegaards Problematik musste zu guter Letzt notwendig religiös werden. Ein Vergleich der Schriften aus seinen drei Stadien hätte zu einem überraschenden Ergebnis geführt. Alle drei Stadien sind nämlich in drei einander folgenden Liebesgeschichten, die zusammen mit dem neuen Inhalt kontinuierlich auch eine größere geistige Bedeutung erlangen, literarisch abgebildet. Die Entwicklung seines eigenen, aber auch des allgemeinmenschlichen Schicksals, versuchte er von seinen leidenschaftlichsten Lebenserfahrungen aus zu demonstrieren. Wenn die Bedeutung der Liebe in der ersten Phase außerhalb der Ehe liegt, nur im erotischen Erwachen des Genies, ist die Bedeutung der Liebe in der ethischen Phase in der Ehe begründet, in der gesellschaftlichen Affirmation der Liebesgemeinschaft verankert. Die dritte Liebesgeschichte ragt über sich hinaus. Am Ende des kurzen Liebesglücks dunkelt die unüberwindbare Gegensätzlichkeit: die weibliche Naivität und die männliche Melancholie. Die männliche Melancholie verlängert sich beim Hauptthelden auf geheimnisvolle Art in die metaphysische Schuld, die wir nicht anders bezwingen können als mit dem letzten Wagnis, dem Kampf mit Gott selbst. Diese letzte Gefährlichkeit beunruhigt den Liebhaber an die äußersten Grenzen seines Wesens. Kierkegaard, der eigentlich hinter diesem Protagonisten selbst versteckt ist, eröffnet das große Spiel, das die ganze Wirklichkeit überschreitet. Er beginnt riesige Dimensionen aufzubrechen, er erkennt den alogischen Kosmos, kommt in das Umfeld des Glaubens, wo es keine Idylle mehr gibt und wo wir auch keine menschliche Stabilität, kein bürgerliches Resultat vorfinden können, sondern wo alles eine einzige, gewagte, ungeheuerliche Anstrengung ist, um die transzendentale Sicherheit zu erreichen.

Für den religiösen Kierkegaard gibt es nämlich auf keinem Gebiet Sicherheit - und das gilt auch für die geistige Welt. Der Mensch muss auf dieser Erde bis zuletzt in Ungewissheit bleiben, er muss sich mit der Angst quälen. Die ästhetische und ethische Bangigkeit verschärft sich jetzt in der religiösen Angst. Sie ist überhaupt das Grundgefühl des ganzen Lebens, der ganzen Dynamik, die Hauptsuggestion des Diesseits, sie ist ein Gefühl, das keine Notwendigkeit und keine Freiheit ist, sondern etwas zwischen diesen beiden Begriffen, nämlich der süße Taumel der Freiheit und der Schatten der entstehenden Notwendigkeit. Schon von Anfang an ist die Angst bei ihm mit der Schuld der Sünde verbunden. Die Angst treibt ihn in die Sünde, und die Angst erlöst ihn von der Sünde. Weil sich die Sünde plötzlich wie jede Qualität ereignet, im Augenblick (später offenbart sich dieser Augenblick für Kierkegaard als der Rahmen der Erlösung), der wissenschaftlich nicht zu erklären ist, erschaudert der Sünder in seiner Grundstruktur und wird unsicher. Die Sünde meldet sich also zusammen mit der Angst. Der ethische Sturz ist nichts Wiederholbares, sondern eine einmalige Begebenheit. Im ersten Augenblick bist du noch unschuldig, im nächsten aber schon schuldig. Je früher und je deutlicher der Geist erwacht, desto größer ist das Gefühl der Schuld, das besagt, dass schon die Angst vor der Sünde die echte Sünde gebiert. Wenn aber die Sünde schon geschah, bekommt die Angst die Form der Entschuldigung. Dadurch wird die Sünde nur noch größer, so dass der Mensch durch die Angst immer tiefer und tiefer gestoßen wird. Der Mensch ist unbarmherzig der Angst und der Schuld, die außerhalb der Zeit liegen, preisgegeben. Nach Kierkegaard führt die Angst den Menschen bis zu der religiösen Rettung, aus der Immanenz in eine andere Welt, „wo durch die Angst die Homogenität mit der Heterogenität und das Erinnerungsvermögen mit dem Glauben ausgewechselt werden."[5]

Hier ist Kierkegaard zu Hause, in diesem seinem Element entflammt er mit einer besonderen persönlichen Kraft, um sich fühlt er Wohlklang und Anspannung, seine religiöse Natur erzittert bis ins Innerste.

Glauben ist für ihn keine bloße Lehre, sondern vor allem Ausdruck einer bestimmten Lebensausrichtung mit allen Schwierigkeiten, Freuden und Anstrengungen, eine autochthone Tat, das bewusste Schwingen der menschlichen Seele, die innere Tätigkeit, also die dem Menschen eigene und nie völlig erklärbare Wirklichkeit. „Das wesentlichste Merkmal des Glaubens liegt in der Tatsache, dass er persönliche (und nicht private) Angelegenheit des Menschen ist."[6] Nach Kierkegaard zeigt die Religion drei grundlegende Merkmale: die Tiefe, die Paradoxie und die menschliche Einsamkeit vor Gott. Das letztere bedeutet: Wenn der Mensch sein Leben religiös leben will, muss er sich zuerst der Unsicherheit preisgeben, es muss ihn die absolute Unruhe erschüttern, durch die absolute Gefährdung muss er geläutert werden. Aber nicht nur gedanklich oder geistig, sondern existentiell: der Mensch muss seine ganze Existenz auf sich nehmen. Sein Leben muss den ganzen Menschen ausdrücken. Das erste und hauptsächliche ist, dass der Mensch sich selbst wahrhaftig und voll lebt, da das religiöse Leben vor allem das persönlich gelebte Leben ist.

3

Wer in Kierkegaard einen Meister der existenziellen Philosophie, die in vielem die moderne Denkweise belebt hat, erkennt, wundert sich über den unwissenschaftlichen Charakter seiner Werke. Nicht ein einziges seiner Bücher ist rein philosophisch angelegt, in keinem gibt es Andeutungen über nur technische Fragen. Alle seine Schriften, teilweise Novellen, teilweise Traktate, garniert mit Lyrismen und Epik, vermischt mit geistreichen Improvisationen und einer ätzenden Ironie, sind ein einziges lebenserfassendes Nachdenken über den Menschen und für den Menschen. Seine Gedanken sind auf gleiche Art durchgeführt wie sein

Stil: sie sind nicht a priori in ein logisches System geordnet, sondern bilden eine pittoreske, ungebundene Summe von vitalen Problemen, die Fragen erwecken und nach Entscheidung rufen. Trotzdem ist seine philosophische Anschauung, die eine eigene Ordnung aufweist, von Bedeutung. Um welche Ordnung geht es?

Das erste Zeichen der Vision Kierkegaards ist ihre Antirationalität. Die griechische Philosophie und ihre Nachfolgerin lehrten, dass man die Wahrheit im Verstand suchen muss, weil nur dieser imstande ist, den Menschen von seinem Erkenntnisleiden zu erlösen und jeder andere Erkenntnisweg erniedrigend ist. Diese Denkart wurde fast für die ganze europäische Philosophie maßgebend. Sie anerkennt nur das objektive, sachliche, gefühlslose Suchen - in der Annahme, dass sich die Wahrheit nur jenem Menschen offenbart, der seiner Vitalität entsagt, sie verlässt und sich nur im engen Raum der logischen Wirklichkeit aufhält. So entfernten die spekulativen Philosophen, die Kierkegaard ironisch als „Spekulanten" bezeichnet, das menschliche Denken von den Wurzeln der menschlichen Wesensart und überzeugten die Kulturwelt, dass wir die Wahrheit nur dann erlangen, wenn wir unseren bedeutendsten, vitalsten Interessen entsagen. So entstand der Abgrund zwischen der Spekulation und der Existenz, über den Kierkegaard auch folgendes sagt: „In ihrem alltäglichen Leben benützen die Philosophen die Kategorien, die völlig anders sind als jene, die sie in ihrer spekulativen Arbeit gebrauchen, doch glaubt nicht, dass sie ihren Lebenstrost in den Grundsätzen, die sie feierlich verkünden, suchen." Für ihn kann eine solche Philosophie nie in die lebendige Wahrheit dringen, weil sie mit ihrer Denkart vor den intensivsten menschlichen Erlebnissen stehen bleibt. Sinnvolles Leben beginnt erst dann, wenn alle Möglichkeiten des Verstandes erschöpft sind, wenn wir vor der Unmöglichkeit stehen, die Ungewissheit zu ertragen, wenn wir in der unbekannten Welt unseren eigenen, einzigartigen und nie wiederholbaren Weg zu gehen beginnen.

Die Unsicherheit ist kein Unglück, im Gegenteil, „das größte Unglück, das einem widerfahren kann, ist der blinde Glaube an den Verstand". In allen Schriften wiederholt Kierkegaard auf tausend Arten, dass die Aufgabe des Philosophen gerade in der Abkehr von der Machtgier des Verstandes liegt.[7] Er sagt unter anderem: „Wenn mein Freund seine persönlichen Gedanken ausdrücken will, sucht er keine Hilfe beim Weltwissen des Philosophen, des ordentlichen Universitätsprofessors, sondern wendet sich an den geheimen Denker, der am Anfang seines Lebensweges die höchsten materiellen Güter gekostet hat, sie aber dann verlassen musste, er wendet sich an Hiob. Dort auf der Asche sitzt er und mit einem Scherben reinigt er die Wunden und deutet den Sinn des Lebens. Alles, was er braucht, findet der Freund bei ihm. Weil sich die Wahrheit in diesem Mann mit größerer Überzeugungskraft geoffenbart hat als im griechischen Symposion." Und an einer anderen Stelle sagt er: „Nur die Furcht, die den Menschen in die Verzweiflung führt, erweckt in ihm eine höhere Dimension der Existenz." Es ist das, was schon Pascal erkannt hat: „Ich anerkenne nur jene, die sich im Leiden suchen."

Für Kierkegaard beginnt die Philosophie erst, wenn der Mensch seinen eigenen Verstand überwindet, wenn die Logik vor dem Unmöglichen stehen bleibt. Diese Art des Denkens, die sich auf die nichtkontemplative Art des Lebens stützt, nennt man Existenzphilosophie. Nach Kierkegaard lautet die höchste philosophische Maxime nicht „versteht die Welt", sondern „lebt".

Kierkegaard gelangt zum Schluss, dass keine wichtigere Gegebenheit als das persönliche Leben existiert. Die Art, wie man zur Wahrheit gelangt, ist dabei wichtiger als die Wahrheit selbst. Der Weg ist bedeutender als das Ziel, dieser Weg kann nicht verkürzt werden, je länger der Weg ist, desto endgültiger ist die Erlösung. Allein der unendliche Wille ermöglicht unser unendliches Wollen. Kierkegaard führt in das Denken eine neue Dimension ein: die Möglichkeit der Unmöglichkeit. Die Wahrheit gibt es nicht im begrenzten Verstand, sondern in der unbegrenzten Absurdität. Das zeigt sich am deutlichsten bei Kierkegaards Deutung des Seins. Auf der einen Seite ist das Sein der höchste Wert, auf der anderen Seite aber auch die dunkle, unbekannte Schuld. Zwischen diesen zwei Affirmationen quält und krümmt sich der Mensch.

Der Mensch muss folglich den Mut besitzen, die Wahrheit in der Absurdität und im Paradoxon zu suchen und zu finden. Der Geist, der sich in diesen Kategorien zurechtfinden sollte, ist also nicht immer und vor allem eine Synthese, sondern der Kampf zwischen den Gegensätzen, die ihre Grundstrukturen zu behaupten versuchen; der Geist ist jene Denkanstrengung, die diese Gegensätze überbrücken will; der Geist ist auch der Monolog vor der Wirklichkeit, die ihn reizt, nährt, anzieht, um ihn am Schluss in Ungewissheit und umgeben von Angst zu verlassen. In der Angst projiziert der Geist seine Bilder über sich selbst hinweg, er überschreitet sich selbst, er breitet sich aus, entblößt die Abgründe. Er schwankt immer zwischen zwei Unbekannten, zwischen zwei Unendlichkeiten, zwischen Mensch und Gott, die er nie gleichzeitig zu erkennen und zu verbinden vermag, außer in der Gnade. Die letzte Form der Wahrheit ist religiös, und absurd, doch kann sie der Mensch schon in diesem Leben finden. Der Mensch muss sich den Zugang zur Ewigkeit schon während seines ganzen Lebens erkämpfen. Das ist das einzige Tor zu Gott, der Mensch muss in dieser Zeit mit ihm zu verkehren beginnen. Die Maximen: „Die Subjektivität ist die Wahrheit" und „Gott offenbart sich in der Zeit" bestätigen sich gegenseitig und bilden den Grundstein der Paradoxie.

Für Kierkegaard besteht zwischen der existenzialistischen Sicht und der Religion eine enge Verbindung, weil „das Paradoxon der absolute Protest gegen die Immanenz ist."[8] Der echte Träger der Paradoxie ist das Christentum, das auf der Wirklichkeit des Augenblicks und der Geschichte begründet ist. „Meine ewige Seligkeit beginne ich in der Zeit, mit dem Glauben an die geschichtliche Tatsache, ich, der Mensch, der in der Zeit lebt, denkt an die ewige Wahrheit; die ewige Wahrheit gibt sich dem Sünder preis: die ewige Wahrheit ist unterwegs in die Zeit, um zu leben."[9] Es ist nämlich paradox, zutiefst besorgt um Geschichtliches zu sein, es ist paradox, die größte subjektive Leidenschaft mit der geschichtlichen Tatsache zu verbinden, es ist paradox, die ewige Seligkeit als etwas Einzigartiges darzustellen. Nichts ist unmenschlicher, mehr antirational, als die christliche in die Mitte zusammengezogene Zeit, als der Augenblick, den man in der Bibel „Fülle der Zeit" nennt. Nichts ist weniger verständlich als die Ewigkeit in der Zeit. Der Augenblick und die Ewigkeit befinden sich in der gleichen Wechselbeziehung wie die Erlösung und die Seligkeit.

Die Geradlinigkeit und Kraft des Denkens Kierkegaards sind vor allem die Reaktion auf die rationale, romantische Philosophie Hegels, die zu jener Zeit grenzenlos über Europa herrschte. Der Kern der Hegelschen Lehre befindet sich in der Negierung des Grundsatzes der Gegensätzlichkeit, das unveränderbare, göttliche Wesen vereint sich mit dem Werden der Welt in einen einzigen absoluten Geist und im Bewusstsein über ihn. Gott, die Welt und die menschliche Existenz werden identisch. Das individuelle Bewusstsein ist nicht mehr autonom, sondern ein Teil des absoluten Geistes, eingeordnet in einen einzigen mächtigen evolutionären Prozess. In diesem Prozess verbindet sich seine Konzeption mit seinem Gegensatz, das Innere mit dem Äußeren, das Besondere mit dem Allgemeinen, das Ethische mit dem Sozialen, die Geschichte mit dem Weltgericht des Jüngsten Tages, die Inkarnation mit dem Werden. Zu dieser Zeitlosigkeit des objektiven Gedankens verleitete ihn das starke Gefühl der Kontinuität der Wirklichkeit und der Gedanken, so dass er für sie in der dreiteilgen Rhythmik eine eigene Organisationsform fand, in der aus der Geborgenheit ihrem Gegensatz und der Synthese beider, in der die gemeinsame Basis der Entgegensetzungen ihre Genugtuung findet, besteht. Mit dieser Überbrückung des Unterschiedes zwischen dem Objekt und dem Subjekt ist das Weltall homogen, einfach und systematisch überschaubar. Mit einer solchen Nivellierung sinkt aber auch die Gültigkeit des Christentums, das nur einer der geschichtlichen Ausdrücke der Kultur wird. Der Mythos der christlichen Tatsache wächst nicht mehr über die Welt hinaus, sondern fügt sich in den Weltprozess ein.

Gegen die Hegelsche Dialektik, die mit der Synthese, der Kontinuität und der Immanenz alle Gegensätze in einer höher entwickelten Gemeinschaft harmonisiert, stellt Kierkegaard die absoluten und unlösbaren Heterogenitäten des Lebens. Er schreibt unter anderem: „Dass man die relativen Gegensätze überbrücken kann, wissen wir auch ohne Hegel, doch wird die menschliche Persönlichkeit demjenigen bis zum Ende, der die absoluten Gegensätze zu überwinden versuchen will, Widerstand leisten können. Sie wird die ganze Ewigkeit ihr entscheidendes Entweder - Oder wiederholen. Sein oder nicht sein, das ist die einzige Frage des Menschen.“ Kierkegaard bringt mit der ganzen Überzeugungskraft seine qualitative Dialektik zur Geltung. Sie führt die Gegensätze zu immer größerer Schärfe und bringt dadurch den Menschen in das Dilemma, wo er sich in einer vitalen Wahl für eine der unverbindbaren Polaritäten entscheiden muss. Es ist von Bedeutung, dass sich Kierkegaard gegen die ideenbedingte und unfruchtbare Mischung von Subjekt und Objekt für den Primat der Subjektivität entschied. Sie ist der Träger der Existenz, was die Verurteilung der rationalen Abstraktion ist. „Der menschliche Verstand ist nicht erschaffen für subtile Streitereien, auch nicht für die nackte Vorstellung und für die Verwendbarkeit der Welt, sondern dafür, dass er sich in ihr entscheidend verwurzelt und ganz beschäftigt: nur so entdeckt und verkörpert er die Wahrheit."[10] Das bedeutet: „Die Wahrheit wird zur Wahrheit erst dann, wenn sie in die menschliche Subjektivität eintritt und die existentielle Wahrheit wird."[11]

Er macht sich mit Recht über die Professoren der Philosophie lustig. Mit ihrer reinen Objektivität bleiben sie ständig neutral gegenüber den großen Entscheidungen des Lebens und indifferent gegenüber dem unlogischen Unbekannten. Gegen sie stellt Kierkegaard die subjektive Wahrheit (die mit den modernen Subjektivismen überhaupt nichts Gemeinsames hat) auf. Die subjektive Wahrheit ist in einzelnen Schicksalen aktualisierte ewige Wahrheit. Der Mensch schlägt sich zu ihr durch und erschafft sie mit dem ständigen Sich-entscheiden-müssen, mit der ständigen aufs neue geschaffenen Sicherheit, noch mehr aber mit dem Wagemut, ohne den kein Glaube und keine antisystematische Existenz möglich sind.

Die Methode, die der Philosophie Kierkegaards innewohnt, ist sokratisch. Von allen Philosophen hegt Kierkegaard die größte Liebe zu Sokrates. Auch dieser kannte keine systematische Methode. Er trat immer als Dialektiker an die Öffentlichkeit. Mit seiner Ironie stellte er die bequeme Sicherheit der menschlichen

Angewohnheiten in Frage, er zerschlug die Enge der zentrifugalen Zeitgebundenheit und förderte ständig die individuellen Tiefen in der seichten Allgemeinheit. Auch Kierkegaard ist ein Dialektiker. Im Gegensatz zu der intellektuellen Dialektik Hegels (und zu der materiellen Dialektik von Marx) ist er der Meister der existentiellen Dialektik. Kierkegaard behauptet, dass die Homogenität und die Kontinuität zwei unwirkliche Erscheinungen sind, die nur in der abstrakten Welt der Möglichkeiten leben können. Die Welt der Wirklichkeit erträgt sie nicht, denn die Welt wird durch ausgeprägte Ungewissheit, Unvereinbarkeit und Unerlöstheit bestimmt. „Gewissheit ist nirgends gegeben, dass das Nachfolgende, dem zuvor Geschehenen konform sein wird."[12] Die Wirklichkeit ist heterogen, sie ist vom Gesetz der qualitativen Plötzlichkeit abhängig. Im Sprung bewegt sie sich von einer Ebene zur anderen, nach oben und nach unten, aus einem Stadium ins andere, immer in den qualitativen Veränderungen, die der Nivellierung Widerstand leisten. Die Dialektik Kierkegaards ist der Ausdruck der ständig gelebten Krise, die den Menschen vor die unausweichliche Alternative „Entweder - Oder" stellt.

Diese „qualitative Dialektik des vitalen Augenblicks"[13] ist am stärksten in der Kierkegaardschen Auffassung der Religiosität ausgeprägt. Die dialektische Spannung wächst hier mit dem Augenblick, in dem sich der Mensch in seiner Existenz aufhebt. Mit der Spannung vergrößern sich auch Leiden und Angst, doch wird dadurch auch die Nähe der Erlösung größer. Jeder Eintritt in ein reiferes Stadium der Existenz ereignet sich im ängstlichen Wagemut, im Leid, das sich immer als der letzte, unlösbare Zustand offenbart. Jedes tiefere Leben ist unbedingt auch ein schweres Leben, darum zeigt das christliche Leben das größte Leidensmaß. Schade, dass Kierkegaard bei dieser religiösen Auffassung in eine übertriebene Emotionalität geraten ist. Zuletzt „sieht er nur noch die Entscheidung, nicht aber die Ursache, wegen der man sich entscheidet, und auch nicht den Gegenstand, für den man sich entscheidet ..." Auf eine gewisse Art verabsolutiert und ontologisiert er die Leidenschaft der Entscheidungen."[14] Aus dieser Entscheidung baut er eine Mythologie und vernachlässigt andere Zeichen der Religiosität. In ihm steckt der lutherische Protestant, der den Gegensatz zur Sünde im Glauben - und nicht in der Tugend - erblickt. Dadurch vergrößert er die Kluft zwischen dem Menschen und dem Absoluten, so dass er zuletzt zwischen der christlichen Lehre und der christlichen Gesellschaft unüberbrückbare Gegensätze entdeckt. So sagt er: „Nichts ist wahrer und gerechter als jene Worte Pascals, die er über die christliche Gesellschaft sprach, nämlich, dass sie nur eine Gesellschaft der Leute ist, die sich durch die Sakramente dem Gebot, dass man Gott über alles lieben muss, entziehen." Darum brechen aus ihm am Ende seines Lebens heftige Worte: „Luther brauchte 95 Thesen, ich aber nur eine einzige: Das Christentum ist überhaupt noch nicht verwirklicht."[15]

4

Der große Widersacher Hegels blieb lange unentdeckt. Erst die Wiedergeburt der hegelschen Philosophie, die auf der einen Seite die Nationalismen und auf der anderen Seite den dialektischen Materialismus entwickelte, entdeckte auch das große Bild des nordischen Einsiedlers. Heute wissen wir, dass die Einflüsse dieses außerordentlichen Mannes auf die Entwicklung der modernen Kultur so mannigfaltig sind, dass wir sie kaum überblicken können. Kierkegaard war Denker und Künstler, vor allem aber ein leidenschaftlicher Ethiker. Die Unruhe des modernen Menschen bringt ihn uns am nächsten, da Kierkegaard einer von jenen seltenen Persönlichkeiten ist, die ohne Thesen spricht; er befreit und erweckt den Menschen auf eine ganzheitliche Art.

Kierkegaards Einfluss zeigt sich sehr deutlich in allen jenen Philosophien, die in der Sinnlichkeit und Intuition verankert sind. Man kann ruhig sagen, dass er Anteil an der psychoanalytischen Erklärung des menschlichen Mysteriums und der Neueinführung des Irrationalen in die Wissenschaft hat. Kierkegaards Einfluss spüren wir bei der Entdeckung einer tiefen Tragik, bei der Suche nach dem „Elan vital" und im Streben nach der Wahrhaftigkeit, vor allem aber in der Entstehung des Personalismus als Entgegnung auf den Materialismus und Objektivismus.

Als Lehrer wirkte Kierkegaard am spontansten im deutschen Geistesleben. Die moderne deutsche Philosophie ist ohne ihn überhaupt nicht zu verstehen. Seine Schüler sind vor allem die bekannten deutschen Denker Heidegger und Jaspers. Unter noch größerem Einfluss stand vielleicht Karl Barth, der Hauptvertreter der dialektischen Theologie und einer der Anführer des reformierten evangelischen Deutschland. Aber auch der deutsche Katholizismus verdankt Kierkegaard sehr viel durch seine geistige Leitung, hier wären Romano Guardini oder Erik Peterson und Theodor Haecker zu nennen, die beiden letzteren konvertierten sogar unter Kierkegaards Einfluss. Der Einfluss Kierkegaards breitete sich auch nach Frankreich aus, wo seine Schriften übersetzt wurden und in seinem Sinne das Bild des neuen Menschen gezeichnet wurde. In der Philosophie stehen ihm Jean Wahl und Gabriel Marcel nahe, vor allem aber ein Wahlpariser, der russische Philosoph Berdjajew, der Kierkegaard neben Dostojewskij für seinen Lehrer hält.

Obwohl der Einfluss Kierkegaards mehrschichtig ist, weil er von der psychologischen Analyse über die vitale Spiritualität bis zum christlichen Mysterium reicht, liegt die größte Bedeutung in seinem eigenen Lebenszeugnis. Mit seinem Beispiel bewies er, dass die absoluten Qualitäten der Heterogenität gegeben sind und dass die Wahrheit nur in der Subjektivität existieren kann. Kierkegaard ist kein Heiliger und kein richtiger Mystiker, er ist aber einer der wahren, durstigen und hungrigen Menschen, die sich ihrem Glauben völlig ausgeliefert haben. Zusammen mit Dostojewskij (und teilweise mit Nietzsche) gehört er zu den wundersamen Verbreitern und Vertiefern des Christentums. Er ist der große Zeuge des Christentums, obwohl er in Angst vor dem Tod die Unmöglichkeit der menschlichen Zeugenschaft zu beweisen begann.

(1935; 1981)

Übersetzt von Lev Detela

Anmerkungen:

1 Yves M. J. Congar, Actualité de Kierkegaard, La Vie Intellectuelle, 25.IX.1934, S. 13
2 Carl Koch, Sören Kierkegaard (franz. Übersetzung), Paris, 1931, S. 28
3 Jean Wahl, L´angoisse et l´instant, Nouvelle Revue Française, April 1932, S. 640
4 Carl Koch, Sören Kierkegaard, S. 81
5 Jean Wahl, L 'angoisse et l´instant, S. 636
6 Carl Koch, Sören Kierkegaard, S. 111
7 Leon Šestov Job (Hiob), Nouvelle Revue Française, 1931, S. 755
8 Jean Wahl, L´angoisse et l´instant, Nouvelle Revue Française, 1932, S. 650
9 Jean Wahl, ibid. S. 653
10 Yves M. J. Congar, Actualité de Kierkegaard. La Vie Intelectuelle, 1934, S. 18
11 Theodor Haecker, La notion de la vérité chez S. Kierkegard, Beitrag im Buch „Courrier des Îles» IV, Desclée de Brouwer 1934, S. 20
12 Yves Congar, Actualité de Kierkegaard, S. 22
13 Ibid.

[14] Theodor Haecker, La notion de la vérité chez S. Kierkegaard, S. 75

[15] Nikolai Berdjajew kam in seinem letzten Buch (Das Schicksal des Menschen in unserer Zeit, Luzern 1935, S. 93) zu einem ähnlichen Schluss: „Nicht das Christentum hat die Geschichte besiegt, sondern die Geschichte besiegte das Christentum."

KARL BARTH, ACHTZIGJÄHRIG

Vielen wird wohl bekannt sein, dass der Jubilar, der fruchtbare protestantische Theologe, zu den größten christlichen Denkern überhaut zählt. Als Sohn des Schweizer Universitätsprofessors für Kirchengeschichte hat er sich nicht der akademischen Laufbahn verschrieben, sondern hat sich der schlichten Seelsorge gewidmet, obwohl er sich zunächst in die Schule der kritischen liberalen evangelischen theologischen Wissenschaft begab. Dieser Methode kehrte er bald den Rücken und verfasste als junger Pastor seinen berühmten Kommentar zum Römerbrief des Paulus, in welchem er den Historismus der damaligen Exegese verurteilte. Dieses erste seiner Werke entstand mit echter Entdeckerfreude. Barth erweckte den wahren Geist des Glaubens, der bisher unter der akademischen Akribie erdrückt worden war. Dies bewerkstelligte er mit dem ekstatischen Entwicklung der Dimensionen der Unendlichkeit und Bedrohlichkeit, jenes völlig Neuen und Anderen, das durch den authentischen Glauben an die unerreichbare Größe des Göttlichen hervorgebracht wird. So entfachte er in jener Dürreperiode des Protestantismus den ersten Brand. Er ermöglichte ein ganz neues Erlebnis des Christentums als Glaube der Propheten und Apostel und stellte es mutig dem sterilen Glaubensbekenntnis des deutschen kleinbürgerlichen Gläubigen gegenüber. Sein Gedankengebäude entwickelt sich aus dem ununterbrochenen Staunen über die Sätze des Alten und Neuen Testaments. Keine Weisheit noch Philosophie, keine Erkenntnis noch Erfahrung dieser Welt gilt ihm gleichviel wie die biblische Offenbarung, deshalb vermag ein menschlicher Begriff nicht im entferntesten die Wahrheit der Geschichte der christlichen Heiligen Bücher auszudrücken. Die Schrift spricht von der überwältigenden Macht der Gottesliebe den Menschen gegenüber, die mit der göttlichen Rede an Israel begonnen hat und ihren dramatischen Höhepunkt mit der Kreuzigung und Auferstehung von Jesus Christus erreicht. Barths Theologie wird gekennzeichnet durch die Krise des Menschen, der hoffnungslose Anstrengungen unternimmt, um zur Gotteserkenntnis zu gelangen. Gott bedeutet etwas Heiliges, allzu Großes und Unfassbares.

Barths eschatologischer Glaube stellt also den ungeheuren Unterschied zwischen Gott und seinen Geschöpfen fest, gleichzeitig aber auch den notwendigen Mittler der Erlösung in Jesus Christus. Barth hat seine Theologie als ausgesprochene Christologie konzipiert und knüpft dadurch unmittelbar an die Anfänge der Reformation an. Er beruft sich auf die Aussagen über Jesus Christus in den Evangelien. Er lehnt hierbei die Hilfe der Philosophie und des historischen Denkens ab. Seine Theologie stellt er unmittelbar auf die Grundlage der Evangelien, zum Beispiel auf die Stelle im Johannesevangelium (14, 9), in der Jesus auf die Frage des Jüngers Philippus: *„Herr, zeige uns den Vater!"* antwortet: *„Wer mich sieht, der sieht den Vater! Wie sprichst du denn: Zeige uns den Vater?"* Deshalb vernachlässigt Barth scheinbar die Frage nach Gott und er misst dem Atheismus als Gottesleugnung keine besonders große Rolle bei, da ihm beide Bekenntnisarten weniger wichtig erscheinen als der Glaube an den Sohn Gottes Jesus Christus, den Gott offenbarte, um uns den Glauben zu erleichtern. Aus diesem Grund verwirft er die apologetische Theologie, die unausweichlich zu einer passiven Kirchlichkeit führt. Wer das Neue Testament wortwörtlich auffasst, und das tut Barth in allen seinen Schriften, erkennt und erlebt Gott als aktives Werden, als unaufhaltsam Kommenden. Die Heilige Schrift bietet die Offenbarung der letzten Wirklichkeit der Welt, den wahren Sinn des Daseins. Deshalb gilt sie ihm nicht nur als

Angelegenheit der Kirche, sondern als Gegenstand, der schicksalhaft die ganze Welt betrifft. Selbst sagt er von seinen ersten Schriften: *„Ohne zu ahnen, begab ich mich auf ein richtiges Erdbebengebiet, als ich erkannte, dass ich das Neue Testament ein wenig anders lesen musste als meine Lehrer, die trotz alledem anständige Leute waren."* Aus diesem Grund wurde er anstrengend und unangenehm sowohl den Westlern als auch den Ostlern, vor allem aber all jenen, die das Christentum aus innerer Bequemlichkeit auf die eigene Person zuschneiden wollten, um aus ihm Ruhm, Vorteil oder trügerischen Trost zu ziehen.

Weil Barth zwischen dem ewigen (undialektischen) Gotteswort und dem zeitbegrenzten menschlichen (dialektischen) Wort, in der das Gotteswort wiedergegeben wird, unterschied, bürgerte sich für Barths neue Richtung der Begriff dialektische Theologie ein. In ihren Aussagen ist alles zusammengefasst, was Luther über die absolute Gottestranszendenz erkannt hatte, Kierkegaard über den unendlichen Qualitätsunterschied zwischen Schöpfer und Schöpfung, und Barth und seine Freunde über die Irrtümer des deutschen Idealismus und Schleiermachers Immanentismus. Diese Theologie stellt sich auf den Standpunkt, dass jedwede zutreffende Aussage über Gott unmöglich ist, und nimmt als Glaubensbasis lediglich die Heilige Schrift, aber auch die Offenbarungsworte bleiben Menschenworte, sie existieren nur als *„Worte ja oder nein"* und sind in diesem Sinne dialektisch, weil sie aufheben, was sie postulieren, und von der Wahrheit des Gotteswortes leben. Barths Gedanken haben andere bekannte evangelische Theologen, Eduard Thurneysen, Friedrich Gogarten, Emil Brunner und Rudolf Bultmann übernommen oder auf eigene Art begründet.

Den Großteil seines Lebens widmete Barth der Niederschrift grundlegender theologischer Werke, unter denen seine monumentale *„Kirchliche Dogmatik"* in zwölf Bänden am berühmtesten wurde. Viele waren damals von ihm enttäuscht, da er angeblich in die überwundene Rechtgläubigkeit zurückgefallen ist. Einmal war er selbst über die Gewagtheit seines Tuns erstaunt, als er notierte: *„Wenn ich auf meinen Weg zurückblicke, komme ich mir selbst als Mensch vor, der sich die Stufen eines dunklen Kirchturms empor tastet und anstelle des Geländers ungewollt nach dem Glockenseil greift, das sich zu seinem Schrecken plötzlich als große Glocke meldet. Diese Aufmerksamkeit wollte er keinesfalls und er wird ihr auch künftig ausweichen. Dennoch wird er erschüttert aber unbeirrt weiter in die Höhe steigen."* Seine Dogmatik ist weltberühmt geworden. Einige sind der Meinung, dass das Christentum nach Thomas von Aquin über keinen so tiefen und systematischen Geist verfügte. Mit diesem epochalen Werk näherte er sich auch der katholischen Theologie und ihren Standpunkten, so dass der katholische Theologe Hans Urs von Balthasar berechtigt behauptet, dass dieses Werk Barths die *„kraftvollste Neugestaltung des protestantischen Geistes darstellt und die größte Annäherung an das Christentum"*.

Barth war sein Leben hindurch auch ein durch und durch homogener Mensch und Christ. Als solcher wirkte er auch auf die positiven Kräfte des Protestantismus, die den Nationalsozialismus ablehnten und sich der sogenannten staatlichen Lutheranischen Kirche widersetzten. Politische Bedeutung hatten (beginnend mit dem Jahr 1933) verschiedene kürzere Schriften, die er kämpferisch an einflussreiche Deutsche richtete. Seine Schüler leisteten sowohl kirchlich als auch politisch einen besonders großen Widerstand gegen den Nationalsozialismus. Weil Barth in der Schweiz lebte, leiteten seine Schüler den Widerstand. Die Nazis haben kurz vor Ende des Zweiten Weltkrieges im Gefängnis den wichtigsten unter ihnen gehängt, nämlich Dietrich Bonhoeffer, der durch seine Schriften als Interessantester unter den Protestanten gilt und für alle Christen von Belang ist. Barth zeigte sein Christentum auch damals, als man versuchte, ihn auf unterschiedlichste Arten zum Antikommunismus zu bewegen. Er warnte die gläubigen Protestanten vor jedem politischen Pragmatismus.

Karl Barth hat die Positionen des Protestantismus mit redlicher Obsorge und Klarsicht von denen des Katholizismus abgegrenzt, in einer Art und Weise wie es bisher selten jemand vorher getan hat, und dennoch hat er durch seine Vorgangsweise den fruchtbarsten Dialog zwischen den Konfessionen initiiert. Davon zeugt auch die Tatsache, dass gerade Christen die gewichtigsten und interessantesten Bücher über ihn verfasst haben.

(1966; 1981)

Übersetzt von Peter Kersche

Die Zitate wurden nicht verifiziert, sondern nur übersetzt, dadurch sind größere und kleinere Abweichungen vom Original unausweichlich.

STELLUNGNAHMEN ZU EDVARD KOCBEK

Tomaž Šalamun

EDVARD KOCBEK ZUM 70. GEBURTSTAG

Ich wich die aus, großer Dichter
und Denker, weil du mir eine zu schwere
Last warst. Mit Wut zog ich den Schnitt.
Ich wollte ausgeruht, leicht,

beweglich sein; winziges Sandkorn des Lichts,
das beim Tanz Hostien der Musen
knabbert - spaßeshalber - und Orangenkerne
hoch in die Luft spuckt. Du schienst

mächtig und nicht orange. Daß er
leuchtet, dass man ihn sieht, dass die Kinder mit Fingern
dem Flug der bunten Drachen folgen.
Ein Apfelbaum war ich, dem nicht bewusst, wer ihm

die Erde feucht hielt. Heute weiß ich, wer
mehr als irgendein anderer unter uns Schöpfer
unserer Freiheit ist. Jetzt bin ich
tief bewegt und eilig werde ich das Glas heben

auf dein Wohl. Weißt du, gerade heute am
Feiertag muß ich mit dem Knabbern
fortfahren. Ich fühle,
die Freude nimmt zu jeden Augenblick.

Übersetzt von Peter Kersche

Heinrich Böll

ZUM FALL KOCBEK

Es wäre nicht nur schwer zu verstehen, es wäre unfassbar, wenn Marschall Tito nun auch die zweite Verfolgung seines alten Kampfgefährten Edvard Kocbek durch Stillschweigen billigen würde. Nur er kann hier helfen, indem er sich auf die Ebene der Wahrnehmung zurückbegibt. Kocbeks Position während der Partisanenzeit war einmalig. Im Europa des Widerstands gibt es kaum Vergleichbares: Kocbek, Lyriker, Lehrer, fast Lehrmeister der katholischen slowenischen Jugend, brachte im Geiste einer renouveau catholique das katholische Slowenien in die Widerstandskoalitionen ein. Er, der katholischen Hierarchie so verdächtig wie abgeneigt, war dazu als Wortführer einer katholischen Moderne im Sinne Mouniers, durch seinen Werdegang, seinen Einfluss, seine Autorität und Glaubwürdigkeit, wie vorgesehen und vorbestimmt.

Gewiss war für ihn diese Koalition aus den verschiedensten Gruppierungen ein Modell für die Politik im befreiten Europa. Später erfuhr er, welche grausame Art der „Befreiung“ und „Humanität“ man gegen die Weißgardisten und wohl auch gegen deutsche Kriegsgefangene walten ließ. Viele von ihnen wurden umgebracht, und das entsprach keineswegs den Vorstellungen und auch Abmachungen. Edvard Kocbek schrieb darüber in seinen Kriegstagebüchern mit dem Titel *Tovarišija*. Sie wurden gedruckt, aber nie ausgeliefert.* Seit fünfzehn Jahren haben sie verschiedenen deutschen Verlagen vorgelegen; keiner griff zu. War dieser stille und zarte slowenische Dichter, der nie schimpfte, der sogar seine Bitterkeit und Verbitterung in himmlische Höflichkeit zu kleiden wusste, war er nicht sensationell, nicht auffällig genug? War der

Stoff zu heikel? War Slowenien zu sehr abseits, wurde da nicht laut genug geschrien? Die Gelegenheit, einen politisch wie geistesgeschichtlich einmaligen Vorgang, miterlebt und dargestellt von einem leidenschaftlichen, auf poetische Weise aufmerksamen Zeitgenossen, deutschen Lesern zur Kenntnis zu bringen, wurde versäumt. Nun wird Edvard Kocbek auf dem Umweg über die Sensation bekannt; das wäre nicht notwendig gewesen, mag man es jetzt auch als „unvermeidlich" bezeichnen. Nun wird auch er zum Fall. Es spricht nicht unbedingt für echte verlegerische Neugierde und Spürsinn, wenn einer erst zum Fall werden muss, bevor man auf ihn aufmerksam wird. Kocbeks Bücher liegen seit mehr als zwanzig Jahren vor.

Offenbar soll er nun in Jugoslawien zum Vehikel eines Machtkampfes werden, der schon an Marschall Tito vorbeigehen wird, wenn er sich nicht endlich wieder auf die Ebene der Wahrnehmung begibt. Ich erinnere mich eines Fotos, das den jugendlichen Edvard Kocbek neben dem noch jugendlichen Josip Broz Tito in einem Partisanengeheimquartier zeigt. Ein Foto, das Hoffnung und Freundschaft ausstrahlt. Schließlich hat Kocbek nicht nur - mit anderen - das katholische Slowenien „eingebracht", über den slowenischen Katholizismus gab es Verbindung zu Klöstern, durch diese dann Verbindungen zum Vatikan, die keineswegs nur moralisch, sondern in sehr heiklen Situationen sich als politisch nützlich erwiesen. Dankbarkeit zu erwarten angesichts der unvermeidlichen Enthüllungen, die in Kocbeks Büchern zu lesen sind, wäre wohl töricht. Aber es ist nie töricht, es ist immer ein Zeichen von Größe, Dank abzustatten einem alten, sehr mutigen und sehr nützlichen Kampfgefährten, der den Hackmessern mediokrer Funktionäre ausgeliefert werden soll.

Größe besteht darin, Dank abzustatten, nicht zu

vergessen, Größe, das heißt auch Aufmerksamkeit und Höflichkeit - und es würde nur ein Minimum von all diesem bedeuten, wenn Marschall Tito den kleinen und zarten Poeten, seinen Kampfgefährten und ehemaligen Kabinettskollegen, nicht jenen Wölfen überlassen würde, die Fälle genug produziert haben, peinliche Fälle: das Abstoppen neomarxistischer Forschung im internationalen Dialog, die Fälle Gotovac und Mihailov, skandalös genug. Soll es nun auch den Fall Kocbek geben? Wird man nun den einzigen slowenischen Dichter spiritualistischer Herkunft, der zwar zart ist, aber auch die Zähigkeit eines Gläubigen besitzt, ausliefern, nur weil er als leidenschaftlicher und aufmerksamer Zeitgenosse nichts verschweigen wollte? Jugoslawiens Ruf ist nach den aufgezählten Fällen angeschlagen genug. Man kann diesen Ruf aber noch ruinieren. Oder nimmt Marshall Tito nicht mehr wahr, was um ihn herum geschieht? Hier steht ein alter Partisan im Feuer einer Kampagne, ein eigenwilliger, aber ein Kampfgefährte - und mit ihm und hinter ihm eine große Minderheit.

* Eine ungenaue Angabe von H. Böll (A. d. H.)
Veröffentlicht am 26. Mai 1975 in der „Frankfurter Allgemeinen Zeitung".
Siehe auch Heinrich Böll, Werke, Band 9, Verlag Kiepenheuer und Witsch, Köln 1978.

Alojz Rebula

EDVARD KOCBEK UND DER KOMMUNISMUS

Angesichts der komplexen Persönlichkeit von Edvard Kocbek, des Künstlers und des Denkers, sind die beiden Binome „Kocbek und der Kommunismus" und „Kocbek und das Christentum" gleich schwer zu lösen. So wie sich dieser Katholik in der organisierten katholischen Kirche unwohl fühlte, obwohl er bis zum Schluss ein praktizierender Gläubiger geblieben ist, so fühlte er sich auch in der kommunistischen Kirche fremd, trotz der Tatsache, dass er sein persönliches Schicksal mit ihr verknüpft hat. Die Schwierigkeit lag in seiner eher künstlerischen als denkerischen Proteusnatur, die ihn befähigte, in großen Gegensätzen zu denken.

Kocbek ist in der Lage, den Brief der jugoslawischen Bischöfe im Herbst des Jahres 1945 mit Entrüstung zurückzuweisen, doch zugleich kann er sich an einem Ostermorgen vor der alten katholischen Kirche rührend verbeugen. So wie er die historischen Erfolge der Kommunisten bewundern kann, ist er zugleich fähig, im realen Kommunismus die Elemente der Barbarei zu entdecken.

Vor allem müssen wir, wenn es um seine Beziehung zum Kommunismus geht, unterscheiden zwischen Kocbek dem Intellektuellen und Kocbek dem Staatsbürger in einer bestimmten historischen Rolle.

Der junge Kocbek war von der philosophischen und der theologischen Gedankenwelt des Romano Guardini geprägt. Die nächste Etappe seiner Ideenwelt ist gekennzeichnet durch die Begegnung mit dem Gedanken des französischen Personalisten und christlichen Sozialisten Emanuel Mounier, des Redakteurs der Zeitschrift *Esprit*. Der Standpunkt dieser Zeitschrift zum spanischen Bürgerkrieg, mit dem die

Gruppe der angesehenen französischen katholischen Kulturschaffenden einverstanden war, inspirierte Kocbek zum Artikel *Premišljevanje o Španiji* (Nachdenken über Spanien), mit dem er in Konflikt mit dem offiziellen slowenischen Katholizismus geriet. In der Zeitschrift *Dejanje* (Die Tat), die er nach diesem Bruch begründet hat, begann er, seinen eigenen Personalismus zu entwickeln, weil er immer stärker von der Notwendigkeit der revolutionären gesellschaftlichen Veränderung überzeugt war. Dies musste eine integrale Revolution sein, die nach seiner Vision nicht nur die gesellschaftliche Ordnung, sondern auch die Ethik des menschlichen Zusammenlebens und sogar den Charakter seines Volkes verändern sollte. Andererseits sollte durch diese Revolution die „konstantinische" Kirche in die Trägerin der reinen evangelischen Werte verwandelt werden.

Kocbek sah ein solches historisches *Kairos* im bewaffneten Aufstand, den die kommunistische Partei Sloweniens nach Hitlers Angriff auf die Sowjetunion im Sommer 1941 entfacht hat. Er schloss sich mit seinen christlichen Sozialisten dem Aufstand an, trotz des doktrinären Standpunktes der katholischen Kirche, die jede Zusammenarbeit der Katholiken mit den Kommunisten verbot. Aber Kocbek war im Übrigen schon gegenüber der Enzyklika über den Kommunismus *Quadragesimo anno* von Pius XI. reserviert, wenn nicht überhaupt ablehnend. Er verteidigte persönlich die Zusammenarbeit mit den Kommunisten, wenn es um den Schutz der menschlichen und nationalen Rechte ging.

Der Intellektuelle Kocbek hat trotzdem auf der gedanklichen Ebene nie den dialektischen Materialismus angenommen. Für diesen war er zu sehr dem Absoluten aufgeschlossen und zugleich auch philosophisch zu empfindlich. Wohl aber hat er in den geschichtlichen Gegebenheiten, in welche er während des Zweiten Weltkrieges gedrängt wurde, den historischen Materialismus mit seiner Überbetonung der ökonomischen Rolle in der Geschichte akzeptiert. Das war eine fragliche gedankliche Optik für einen Christen, weil die Reduktion der historischen Dynamik auf materielle Faktoren das nicht weniger reale Eingreifen des Unsichtbaren, der göttlichen sowie der dämonischen Kräfte, ausschließt. Aber das war eben eines der Argumente, mit denen dieser Weltoptimist die Berechtigung seiner Zusammenarbeit mit den Kommunisten begründete.

Auf der Ebene der Ideen blieb also Kocbek gegenüber der Lehre von Marx reserviert, obwohl er ihre geschichtliche Durchschlagskraft und perspektivische Wirkung bejahte. Umso stärker lehnte er den Leninismus ab, da er in Lenin, wie er in seinem Partisanentagebuch zugab, die „dämonische Erscheinung" gesehen hat.

Eine andere Frage ist, wie er über die konkrete Verwirklichung der marxistischen Vision, über den sogenannten realen Sozialismus, gedacht hat. Einige seiner Auftritte - zum Beispiel ein Vortrag im Cafehaus Union in Ljubljana einige Jahre vor dem Zweiten Weltkrieg - lassen schließen, dass in ihm angesichts der Situation in der Sowjetunion eine gewisse geringe Illusion glühte. Auf der anderen Seite veröffentlichte er aber als Redakteur der Zeitschrift *Dejanje* die bekannte Novelle von Plisnier, in der das gerichtliche System der Sowjetunion verurteilt wird. Nach dem Krieg war seine Verurteilung der sowjetischen Realität unmissverständlich, obwohl er diese Meinung vor der Resolution des Informbüro nicht äußern konnte: im jugoslawischen Kommunismus sah er „die Nachahmung einer niederen Zivilisation", wie er in einem Interview erklärt hat. Dass er an dieser Zivilisation schon vor dem Krieg zweifelte, beweist die erwähnte Veröffentlichung in der Zeitschrift *Dejanje*.

Man kann aber nicht bestreiten, dass Kocbek trotz der mentalen Reserviertheit nicht gerade im Kommunismus, wohl aber im Sozialismus die Zukunft der Menschheit sah. Es hat den Anschein, dass er diesem Traum nicht einmal dann entsagen konnte, als er das Bankrott nicht nur des sowjetischen, sondern auch des jugoslawischen vermeintlich menschlicheren Systems gesehen hat. Mit einer gewissen pathetischen Erwartung lauschte er dem Entwurf des „historischen Kompromisses", der Zusammenarbeit zwischen den Katholiken und Kommunisten, den der Generalsekretär der kommunistischen Partei Berlinguer in Italien vertrat.

Hier kann man sich fragen, ob der Christ Kocbek an das Ursprungsdogma des Christentums, an die Erbsünde, glaubte. Seine Antwort auf diese Frage wäre sehr wahrscheinlich bejahend, das Christentum war für ihn auf der dogmatischen Ebene nicht fragwürdig, obwohl er sonst leidenschaftlich der theologischen Avantgarde folgte und sich zum Beispiel für Teilhard de Chardin begeisterte, doch sein Blick in die Geschichte zeigt einen immanentistischen Eifer, der nach Millennarismus riecht.

Waren die emotionale Ideenwelt und - zum Beispiel - der visionäre Aspekt Ursache für Kocbeks Zusammenarbeit mit den Kommunisten und sein Abrücken von der Kirche? Es gab noch andere Elemente, zum Beispiel die geschichtliche Not, in die er bei der Okkupation Sloweniens hineingezogen wurde. Auf jeden Fall entschloss sich seine Natur, verbunden mit großem patriotischen Pflichtbewusstsein, instinktiv für den Widerstand, doch wahrscheinlich nicht für den blutigen kommunistischen Zugriff. Jedoch das für die Exekutionen zuständige Organ der kommunistischen Partei, VOS (Sicherheitsdienst und Nachrichtendienst), war völlig unabhängig von jener formal pluralistischen Befreiungsfront, deren Anhänger er war. Die kommunistische Partei hat von allem Anfang seine humanistischen Zweifel außer Acht gelassen, und ihm blieb nichts anderes übrig, als sich dieser Tatsache leidend anzupassen. „Tag und Nacht hackt der Habicht auf mein Herz", schrieb er aus den Bergen als Partisane seinem Freund Doktor Trstenjak. In dieser versuchten Anpassung ging er so weit, dass er zum Beispiel in *Tovarišija* (Kameradschaft) die Ermordung des unzweifelhaft patriotischen Slowenen, des Theologen Dr. Lambert Ehrlich, zu verteidigen suchte, doch tat er das nicht mit Überzeugung, muß man anmerken.

Kocbek ging die Zusammenarbeit mit den Kommunisten ein aus dem Glauben in die soziale Utopie sowie aus dem patriotischen Widerstandsgeist. Die entscheidende Rolle spielte aber seine sich steigernde Entfremdung vom offiziellen Katholizismus, der in der Befreiungsfront die verdeckte kommunistische Partei sah. Die offizielle Kirche lehnte ihren Terror ab und begann sich in diesem Widerstand auf die Kollaboration mit den Okkupationsmächten zu stützen.

Auf jeden Fall können wir, seine Beziehung zum Kommunismus betreffend, über zwei Kocbeks sprechen: von Kocbek vor dem Krieg beziehungsweise im Krieg und von Kocbek nach dem Krieg.

Vor dem Krieg begegnet uns Kocbek der Sympathisant, im Krieg Kocbek der Mitarbeiter, nach dem Krieg ist er zuerst der kritische Beobachter, später der leidenschaftliche Dissident.

Kein slowenischer Geschichtswissenschaftler wird das Bild des slowenischen Nachkriegskommunismus wirksamer als Kocbek darstellen können. Er hat uns diesen Zeitabschnitt mit großer künstlerischer Kraft und mit großer ethischer Empfindsamkeit näher gebracht.

Aus diesem Grund wäre es zu erwarten, dass Kocbek eine Revision seiner Vorkriegs- und Kriegsstandpunkte versuchen würde. Dies hat er nicht getan, so wie er sein Abrücken von der offiziellen Kirche nie bedauert hat, obwohl er sich gegen Ende des Lebens auch der katholischen Hierarchie genähert hat. Kocbek vollzog nicht das, was dem ehemaligen führenden und auch blutigen Parteigenossen Milovan Djilas gelungen ist. Er konnte nicht zugeben, dass er sein Lebensengagement für eine Utopie geopfert hat, die zu einem raschen Untergang verurteilt war.

Deshalb wäre es schwierig, Kocbek in die bekannte Gruppe ehemaliger großer Bewunderer des Kommunismus einzureihen, die von Ignazio Silone bis Arthur Köstler reicht, die ihre Enttäuschung über Marx im Buch „Gott, der misslungen ist" geäußert haben. Jener Gott war für Kocbek keinesfalls ganz misslungen. Trotz der niederschmetternden historischen Erfahrung glomm in diesem visionären künstlerischen Geist noch immer ein Funken Hoffnung in eine neue erlösende Möglichkeit der Menschheit.

Auf jeden Fall repräsentiert Edvard Kocbek im mitteleuropäischen Raum mit seiner großen menschlichen, gedanklichen und künstlerischen Empfindsamkeit einen der interessantesten Momente des europäischen Bewusstseins im vergangenen „utopischen" Jahrhundert.

Übersetzt von Lev Detela

BIBLIOGRAPHIE

EDVARD KOCBEK IN DEUTSCHEN ÜBERSETZUNGEN

Zusammengestellt von Peter Kersche
Alphabetisch geordnet nach den Originaltiteln

Besede umirajo (Das Sterben der Worte). Übersetzt von Milena Merlak und Lev Detela. In: Detela, Lev (Hrsg.): Kocbeks Lesebuch. - Klagenfurt, Laibach, Wien: Hermagoras Verl. 1997, S. 74, 76 * Aus: Poročilo, 1969, S. 75 f.

Besede umirajo (Die Wörter sterben). In: Kocbek, Edvard: Aschenglut. Gedichte. Aus dem Slowenischen von Klaus Detlef Olof. - Klagenfurt, Salzburg: Wieser Verl. 1996, S. 47 * Aus: Poročilo, 1969, S. 75 f.

Besede umirajo (Die Wörter sterben). Übersetzt von Olof, Klaus Detlef. In: Wieser, Lojze (Hrsg.): Europa erlesen. Senza confini. Brez meja. Ohne Grenzen. - Klagenfurt: Wieser Verl. 1999, S. 62-63

Blaznež (Der Irre). Übersetzt von Ina Jun Broda. In: Literatur und Kritik, Wien, 3. Jg., (1968), S. 573-574

Blaznež (Der Wahnsinnige). Übersetzt von Milena Merlak und Lev Detela. In: Detela, Lev (Hrsg.): Kocbeks Lesebuch. - Klagenfurt, Laibach, Wien: Hermagoras Verl. 1997, S. 48, 50 * Aus: Poročilo, 1969, S. 11

Brezdomec (Ohne Heim). In: Kocbek, Edvard: Die Dialektik. Slowenisch - Deutsch. Übersetzt von Janez Gradišnik und Dieter Leisegang. - Frankfurt am Main: Horst Heiderhoff Verl. 1968, S. 25 * Aus: Poročilo, 1969, S. 48; Kocbek, Edvard: Zbrane pesmi, 1977, Bd. 2, S. 46

Čarovnik (Der Magier). In: Kocbek, Edvard: Aschenglut. Gedichte. Aus dem Slowenischen von Klaus Detlef Olof. - Klagenfurt, Salzburg: Wieser Verl. 1996, S. 15 * Aus: Groza, 1963, S. 9
Čarovnik (der zauberer). In: Kocbek, Edvard: Dichtungen. Hrsg. u. übersetzt von William S. Heiliger. Mit einem Vorwort v. Heinrich Böll. - Hann. Münden: Chr. Gauke Verl. 1978, S. 49 * Aus: Kocbek, Edvard: Zbrane pesmi, 1977, Bd. 1, S. 111

Čas pesmi (Zeit der Dichtung). Übersetzt von Peter Kersche. In: Detela, Lev (Hrsg.): Kocbeks Lesebuch. - Klagenfurt, Laibach, Wien: Hermagoras Verl. 1997, S. 87 * Aus: Žerjavica, 1974

Čas pesmi (Zeit der Dichtung). Übersetzt von Peter Kersche. In: Ferk, Janko (Hrsg.): Nirgendwo eingewebte Spur. Eine Anthologie slowenischer Lyrik. - Wien: Edition Atelier 1995, S. 43

Čas pesmi (Zeit der Dichtung). Übersetzt von Peter Kersche. In: Literatur und Kritik, 11. Jg., (1976), Nr. 101, S. 1 * Aus: Prostor und čas, 1973, H. 1/2, S. 6

Čas pesmi (Zeit der Dichtung). Übersetzt von Peter Kersche. In: Sterz, Deutschlandsberg, 3. Jg., (1978), Nr. 6, S. 4

Čas pesmi (Zeit der Dichtung). Übersetzt von Peter Kersche. In: ZET. Das Zeichenheft für Literatur und Graphik, Heidelberg, 3. Jg., (1975), H. 11, S. 11 * Unter dem Titel Sieben Gedichte; Aus: Prostor in čas, Ljubljana, 1973, H. 1/2, S. 6

Človek in njegov sosed (Der Mensch und sein Nachbar). Übersetzt von Lev Detela. In: Log, Zeitschrift für internationale Literatur, Wien, 8. Jg., (1985), Nr. 26/27, S. [16-18]

Človek in njegov sosed (Der Mensch und sein Nachbar). Übersetzt von Milena Merlak und Lev Detela. In: Detela, Lev (Hrsg.): Kocbeks Lesebuch. - Klagenfurt, Laibach, Wien: Hermagoras Verl. 1997, S. 107 * Aus: Nevesta v črnem, 1977; Kocbek, Edvard: Zbrane pesmi, 1977, Bd. 2, S. 211

Črna orhideja (Die Schwarze Orchidee). Übersetzt von Peter Kersche. In: Detela, Lev (Hrsg.): Kocbeks Lesebuch. - Klagenfurt, Laibach, Wien: Hermagoras Verl. 1997, S. 113-121

Črna orhideja (Die Schwarze Orchidee). Übersetzt von [Peter Kersche]. In: integral. das Forum zur ideologischen Auseinandersetzung zwischen Ost und West, Wien, 3. Jg., (1978), Nr. 1, S. 26-27 (=April-Mai 1978)

Črno morje (Das Schwarze Meer). In: Kocbek, Edvard: Das Schwarze Meer. Aus dem Slowenischen von Ludwig Hartinger. Mit einem (signierten) (Original-)Holzschnitt von Christian Thanhäuser. Abdruck des Gedichtes mit freundlicher Genehmigung von Matjaž Kocbek, Ljuljana. Handpressendruck auf Ecus Büttenpapier. - Ottensheim/Donau: Edition Thanhäuser o. J. [1997]. 4 Bll.; gr. 8°; Orig.-Fadenheftung.; Einmalige Auflage von 50 Exemplaren * Aus: Kocbek, Edvard: Zbrane pesmi, 1977, Bd. 2, S. 176

Črno morje (schwarzes meer). In: Kocbek, Edvard: Dichtungen. Hrsg. u. übersetzt von William S. Heiliger. Mit einem Vorwort v. Heinrich Böll. - Hann. Münden: Chr. Gauke Verl. 1978, S. 38 * Aus: Kocbek, Edvard: Zbrane pesmi, 1977, Bd. 1, S. 176

Čudno dogajanje (Seltsames Geschehen). In: Kocbek, Edvard: Aschenglut. Gedichte. Aus dem Slowenischen von Klaus Detlef Olof. - Klagenfurt, Salzburg: Wieser Verl. 1996, S. 71 * Aus: Nevesta v črnem; Kocbek, Edvard: Zbrane pesmi, 1977, Bd. 2, S. 143

Deček na drevesu (ein jüngling auf dem baum). In: Kocbek, Edvard: Dichtungen. Hrsg. u. übersetzt von William S. Heiliger. Mit einem Vorwort v. Heinrich Böll. - Hann. Münden: Chr. Gauke Verl. 1978, S. 26 * Aus: Kocbek, Edvard: Zbrane pesmi, 1977, Bd. 1, S. 180

Deklica (Das Mädchen). In: Kocbek, Edvard: Aschenglut. Gedichte. Aus dem Slowenischen von Klaus Detlef Olof. - Klagenfurt, Salzburg: Wieser Verl. 1996, S. 77 * Aus: Nevesta v črnem; Kocbek,

Edvard: Zbrane pesmi, 1977, Bd. 2, S. 215

Dekliški predpasnik (Die Mädchenschürze). In: Kocbek, Edvard: Die Dialektik. Slowenisch - Deutsch. Übersetzt von Janez Gradišnik und Dieter Leisegang. - Frankfurt am Main: Horst Heiderhoff Verl. 1968, S. 19

Dekliški predpasnik (Erste Begegnung). Gedicht. Übersetzt von Peter Kersche. In: Sterz, Deutschlandsberg, 3. Jg., (1978), Nr. 6, S. 4

Dekliški predpasnik (Erste Begegnung). Übersetzt von Peter Kersche. In: dialogi, Maribor, 6. Jg., (1970), Nr. 8/9, S. 609 * Aus: Kocbek, Edvard: Poročilo, Maribor 1969, S. 29

Dekliški predpasnik (Mädchenschürze). Übersetzt von Ina Jun Broda. In: Literatur und Kritik, Wien, 3. Jg., (1968), S. 569-571

Dež (Regen). Übersetzt von Franjo Smerdu. In: Kruntorad, Paul (Hrsg.): Neue slowenische Lyrik. Ausgew. v. Paul Kruntorad. - Salzburg: Otto Müller 1971, S. 15

Dež (Regen). Übersetzt von Franjo Smerdu. In: Le livre slovène, Ljubljana, 1. Jg., (1963-64), Nr. 3/4, S. 95 und 10. Jg., (1972), Nr. 1, S. 27

Dež (regentropfen). In: Kocbek, Edvard: Dichtungen. Hrsg. u. übersetzt von William S. Heiliger. Mit einem Vorwort v. Heinrich Böll. - Hann. Münden: Chr. Gauke Verl. 1978, S. 33 * Aus: Kocbek, Edvard: Groza, 1963, S. 14; Kocbek, Edvard: Zbrane pesmi, 1977, Bd. 1, S. 116

Dialektika (dialektik). In: Kocbek, Edvard: Dichtungen. Hrsg. u. übersetzt von William S. Heiliger. Mit einem Vorwort v. Heinrich Böll. - Hann. Münden: Chr. Gauke Verl. 1978, S. 37 * Aus: Kocbek, Edvard: Zbrane pesmi, 1977, Bd. 1, S. 175

Dialektika (Dialektik). Übersetzt von Franjo Smerdu. In: Kruntorad, Paul (Hrsg.): Neue slowenische Lyrik. Ausgew. v. Paul Kruntorad. - Salzburg: Otto Müller 1971, S. 10

Dialektika (Dialektik). Übersetzt von Peter Kersche. In: Ferk, Janko (Hrsg.): Nirgendwo eingewebte Spur. Eine Anthologie slowenischer Lyrik. - Wien: Edition Atelier 1995, S. 40

Dialektika (Die Dialektik). [Übersetzt von Peter Kersche] In: Kleine Zeitung, Graz, Nr. 119, v. 29.5.1975, S. 3

Dialektika (Die Dialektik). [Übersetzt von Peter Kersche]. In: Kleine Zeitung, Klagenfurt, Nr. 119, v. 29.5.1975 S. 3 * Photo; Gedicht in Übersetzung und Original

Dialektika (Die Dialektik). In: Kocbek, Edvard: Die Dialektik. Slowenisch - Deutsch. Übersetzt von Janez Gradišnik und Dieter Leisegang. - Frankfurt am Main: Horst Heiderhoff Verl. 1968, S. 9

Dialektika (Die Dialektik). Übersetzt von Janez Gradišnik u. Dieter Leisegang. In: Akzente. Zeitschrift für Dichtung. Hrsg. v. Walter Höllerer u. Hans Bender, Köln, 17. Jg., (1970), H. 3, S. 248-250

Dialektika (Die Dialektik). Übersetzt von Peter Kersche. In: Entschluß. Zeitschrift für Praxis und Theologie, Graz, 1. Jg., (1975), H. 7, S. 346

Dialektika (Die Dialektik). Übersetzt von Peter Kersche. In: Literatur und Kritik, 11. Jg., (1976), Nr. 101, S. 3

Dialektika (Die Dialektik). Übersetzt von Peter Kersche. In: orte. Eine Schweizer Literaturzeitschrift, Zürich, 2. Jg., (1975), H. 6, S. 47

Dialektika (Die Dialektik). Übersetzt von Peter Kersche. In: Sterz, Deutschlandsberg, 3. Jg., (1978), Nr. 6, S. 4

Dobra slutnja (Gute Ahnung). Übersetzt von Franjo Smerdu. In: Le livre slovène, Ljubljana, 2. Jg., (1965), H. 1, S. 35 * Aus: Groza, 1963, S. 105

Dobra slutnja (vorahnung). In: Kocbek, Edvard: Dichtungen. Hrsg. u. übersetzt von William S. Heiliger. Mit einem Vorwort v. Heinrich Böll. - Hann. Münden: Chr. Gauke Verl. 1978, S. 28

Drevo (Der Baum). Aus dem Slowenischen von Lev Detela. In: Log, Zeitschrift für internationale Literatur, Wien, 8. Jg., (1985), Nr. 26/ 27, S. [16-18]

Drevo (Der Baum). Übersetzt von Milena Merlak und Lev Detela. In: Detela, Lev (Hrsg.): Kocbeks Lesebuch. - Klagenfurt, Laibach, Wien: Hermagoras Verl. 1997, S. 81 * Aus: Žerjavica, 1974; Kocbek, Edvard: Zbrane pesmi 1977, Bd. 2, S. 86

Dve poetiki (Zwei Poetiken). In: Kocbek, Edvard: Aschenglut. Gedichte. Aus dem Slowenischen von Klaus Detlef Olof. - Klagenfurt, Salzburg: Wieser Verl. 1996, S. 90 * Aus: Kamen skala, 1991, S. 49

Esej o Sörenu Kierkegaardu (Essay über Sören Kierkegaard). Übersetzt von Lev Detela. In: Detela, Lev (Hrsg.): Kocbeks Lesebuch. - Klagenfurt, Laibach, Wien: Hermagoras Verl. 1997, S. 138 ff. * Aus: Dom in svet, 1935, S. 404-415; Kocbek, Edvard: Sodobni misleci, Celje 1981, S. 9-23

Hrenove korenine (Krenwurzeln). In: Kocbek, Edvard: Aschenglut. Gedichte. Aus dem Slowenischen von Klaus Detlef Olof. - Klagenfurt, Salzburg: Wieser Verl. 1996, S. 64 * Aus: Žerjavica, 1974; Kocbek, Edvard: Zbrane pesmi 1977, Bd. 2, S. 105

Hrenove korenine (Krenwurzeln). Übersetzt von Klaus Detlef Olof. In: Gauß, Karl-Markus; Hartinger, Ludwig (Hrsg.): Das Buch der Ränder. Lyrik. 1. Aufl. - Klagenfurt; Salzburg: Wieser 1995, S. 187-188

Hrib (Der Berg). In: Kocbek, Edvard: Aschenglut. Gedichte. Aus dem Slowenischen von Klaus Detlef Olof. - Klagenfurt, Salzburg: Wieser Verl. 1996, S. 96 * Aus: Kamen skala, 1991, S. 70

Igra (Spiel). In: Kocbek, Edvard: Aschenglut. Gedichte. Aus dem Slowenischen von Klaus Detlef Olof. - Klagenfurt, Salzburg: Wieser Verl. 1996, S. 20 * Aus: Groza, 1963, S. 51

Igra (Spiel). Übersetzt von Klaus Detlef Olof. In: Neuhäuser, Rudolf; Olof, Klaus Detlef; Paternu, Boris (Hrsg.): Auf dem grünen Dach des Windes. Slowenische Lyrik der Gegenwart. Na zeleni strehi vetra. Sodobna slovenska lirika. - Klagenfurt: Heyn 1980, S. 18-19

Iris (Iris). Übersetzt von Franjo Smerdu. In: Gottschalk, Herbert (Hrsg.): Jugoslawische Lyrik der Gegenwart. Ausgew. u. hrsg. v. Herbert Gottschalk. - Gütersloh: Sigbert Mohn 1964, S. 22-23

Iris (Iris). Übersetzt von Franjo Smerdu. In: Kruntorad, Paul (Hrsg.): Neue slowenische Lyrik. Ausgew. v. Paul Kruntorad. - Salzburg: Otto Müller 1971, S. 12 f.

Izlet (Der Ausflug). Übersetzt von Otto František Babler. In: Die Tat, Zürich, Nr. 136, 1971, S. 35 * Aus: Poročilo, 1969, S. 49

Jesenski čas (herbst). In: Kocbek, Edvard: Dichtungen. Hrsg. u. übersetzt von William S. Heiliger. Mit einem Vorwort v. Heinrich Böll. - Hann. Münden: Chr. Gauke Verl. 1978, S. 18 * Aus: Kocbek, Edvard: Zbrane pesmi 1977, Bd. 1, S. 161; Kocbek, Edvard: Groza, 1963, S. 63

Jutro (morgenröte). In: Kocbek, Edvard: Dichtungen. Hrsg. u. übersetzt von William S. Heiliger. Mit einem Vorwort v. Heinrich Böll. - Hann. Münden: Chr. Gauke Verl. 1978, S. 30 * Aus: Groza, 1963, S. 22

Kaj je z goro (Der Berg war nicht Berg). Übersetzt von Peter Kersche. In: Literatur und Kritik, 11. Jg., (1976), Nr. 101, S. 2

Kaj je z goro (Was geschieht mit dem Berg). Übersetzt von Lev Detela. In: Log, Zeitschrift für internationale Literatur, Wien, 8. Jg., (1985), Nr. 26/27, S. [16-18]

Kaj je z goro (Was geschieht mit dem Berg). Übersetzt von Lev Detela. In: Detela, Lev (Hrsg.): Kocbeks Lesebuch. - Klagenfurt, Laibach, Wien: Hermagoras Verl. 1997, S. 85 * Aus: Žerjavica, 1974

Kaj je z goro (berge). In: Kocbek, Edvard: Dichtungen. Hrsg. u. übersetzt von William S. Heiliger. Mit einem Vorwort v. Heinrich Böll. - Hann. Münden: Chr. Gauke Verl. 1978, S. 16 * Aus: Kocbek, Edvard: Žerjavica, 1974; Kocbek, Edvard: Zbrane pesmi, 1977, Bd. 2, S. 98

Kdo sem? (wer bin ich). In: Kocbek, Edvard: Dichtungen. Hrsg. u. übersetzt von William S. Heiliger. Mit einem Vorwort v. Heinrich Böll. - Hann. Münden: Chr. Gauke Verl. 1978, S. 36 * Aus: Kocbek, Edvard: Zbrane pesmi, 1977, Bd. 1, S. 198

Kdo sem? (Wer bin ich?). In: Kocbek, Edvard: Aschenglut. Gedichte. Aus dem Slowenischen von Klaus Detlef Olof. - Klagenfurt, Salzburg: Wieser Verl. 1996, S. 34 * Aus: Groza, 1963, S. 107

Kino Tivoli (Im Freilichtkino Tivoli). Übersetzt von Lev Detela. In: Detela, Lev (Hrsg.): Kocbeks Lesebuch. - Klagenfurt, Laibach, Wien: Hermagoras Verl. 1997, S. 42 * Aus: Groza, 1963, S. 75

Kino Tivoli (Im Freilichtkino Tivoli). Übersetzt von Lev Detela. In: Die Tat (Die literarische Tat), Zürich, Nr. 138, v. 13.6.1975

Kino Tivoli (Im Freilichtkino Tivoli). Übersetzt von Lev Detela. In: Sterz, Deutschlandsberg, 3. Jg., (1978), Nr. 6, S. 4

Klovn (Der Clown). Übersetzt von Otto František Babler. In: Die Tat, Zürich, Nr. 188, 1972, S. 23 * Aus: Kocbek, Edvard: Zbrane pesmi, 1977, Bd. 2, S. 58

Ko bom opravil dolžnost (Wenn ich meine Pflicht erfüllt habe). In: Kocbek, Edvard: Aschenglut. Gedichte. Aus dem Slowenischen von Klaus Detlef Olof. - Klagenfurt, Salzburg: Wieser Verl. 1996, S. 29 * Aus: Pentagram; Kocbek, Edvard: Zbrane pesmi, 1977, Bd. 1, S. 259

Ko sežem v temo (Als ich in die Dunkelheit greife). Übersetzt von Milena Merlak und Lev Detela. In: Detela, Lev (Hrsg.): Kocbeks Lesebuch. - Klagenfurt, Laibach, Wien: Hermagoras Verl. 1997, S. 108 * Aus: Nevesta v črnem, 1977; Kocbek, Edvard: Zbrane pesmi, 1977, Bd. 2, S. 228

Konec igre (Ende des Spiels). In: Kocbek, Edvard: Aschenglut. Gedichte. Aus dem Slowenischen von Klaus Detlef Olof. - Klagenfurt, Salzburg: Wieser Verl. 1996, S. 43 * Aus: Poročilo, 1969, S. 58

Konec igre (Ende des Spiels). Übersetzt von Klaus Detlef Olof. In: Gauß, Karl-Markus; Hartinger, Ludwig (Hrsg.): Das Buch der Ränder. Lyrik. 1. Aufl. - Klagenfurt; Salzburg: Wieser 1995, S. 20

Konec igre (Ende des Spiels). Übersetzt von Lev Detela. In: Detela, Lev (Hrsg.): Kocbeks Lesebuch. - Klagenfurt, Laibach, Wien: Hermagoras Verl. 1997, S. 71 * Aus: Poročilo, 1969, S. 58

Konec igre (Ende des Spiels). Übersetzt von Olof, Klaus Detlef. In: Wieser, Lojze (Hrsg.): Europa erlesen. Senza confini. Brez meja. Ohne Grenzen. - Klagenfurt: Wieser Verl. 1999, S. 231-232

Lipicanci (Die Lipizzaner). In: Kocbek, Edvard: Aschenglut. Gedichte. Aus dem Slowenischen von Klaus Detlef Olof. - Klagenfurt, Salzburg: Wieser Verl. 1996, S. 53 * Aus: Poročilo, 1969, S. 80-82

Lipicanci (Die Lipizzaner). Übersetzt von Klaus Detlef Olof. In: Artl, Inge M.: Es war einmal in Lipiza. - Klagenfurt: Wieser 2004 (Europa erlesen) * Bruchstück als Motto

Lipicanci (Die Lipizzaner). Übersetzt von Klaus Detlef Olof. In:

Gauß, Karl-Markus; Hartinger, Ludwig (Hrsg.): Das Buch der Ränder. Lyrik. 1. Aufl. - Klagenfurt; Salzburg: Wieser 1995, S. 87-89

Lipicanci (Die Lipizzaner). Übersetzt von Klaus Detlef Olof. In: Neuhäuser, Rudolf; Olof, Klaus Detlef; Paternu, Boris (Hrsg.): Auf dem grünen Dach des Windes. Slowenische Lyrik der Gegenwart. Na zeleni strehi vetra. Sodobna slovenska lirika. - Klagenfurt: Heyn 1980, S. 12-17

Lipicanci (Die Lipizzaner). Übersetzt von Klaus Detlef Olof. In: Wieser, Lojze (Hrsg.): Karst. - Klagenfurt: Wieser 1997. (Europa erlesen), S. 210-213 * Aus: Das Buch der Ränder, 1995, S. 87-89

Lipicanci (Lipizzaner). In: Kocbek, Edvard: Die Dialektik. Slowenisch - Deutsch. Übersetzt von Janez Gradišnik und Dieter Leisegang. - Frankfurt am Main: Horst Heiderhoff Verl. 1968, S. 27-33

Lipicanci (Lipizzaner). Rohübersetzung von Janez Gradišnik. In: Leisegang, Dieter: Unordentliche Gegend. Aphorismen. Gedichte. Übersetzungen. 1960-1970. 8 Zeichn. v. Jolei. - Frankfurt am Main: Heiderhoff 1971, S. 127-130

Lipicanci (Lipizzaner). Übersetzt von Ina Jun Broda. In: Literatur und Kritik, Wien, 3. Jg., (1968), S. 571-573

Listina (Urkunde). In: Pannonia, Magazin für europäische Zusammenarbeit, 1, Jg., (1973), Nr. 1, S. 57 (=Dezember 1973) * Ausschnitt; Unter dem Titel Acht Autoren aus Slowenien

Ljubezen (Die Liebe). In: Niederle, Helmuth A. [Hrsg.]: Eros. Hrsg. von Helmuth A. Niederle unter Mitarbeit von Annemarie Ribitsch. - Klagenfurt/Celovec: Wieser 2001, S. 139-140

Ljubezen (Die Liebe). Übersetzt von Milena Merlak und Lev Detela. In: Detela, Lev (Hrsg.): Kocbeks Lesebuch. - Klagenfurt, Laibach, Wien: Hermagoras Verl. 1997, S. 104 * Aus: Nevesta v črnem, 1977; Kocbek, Edvard: Zbrane pesmi, 1977, Bd. 2, S. 196

Mačje oči (Katzenaugen). In: Detela, Lev (Hrsg.): Kocbeks Lesebuch. - Klagenfurt, Laibach, Wien: Hermagoras Verl. 1997, S. 55 * Aus: Poročilo, 1969, S. 17

Majniška noč (Mainacht). Übersetzt von Jozej Strutz. In: Strutz, Jozej; Rustja, Peter (Hrsg.): Literatura - brez mejá / ohne Grenzen / senza confini. Literatura iz prostora Alpe-Jadran. Literatur aus dem Alpen-Adria-Raum .... - Klagenfur, Laibach, Wien: Hermagoras 2000, S. 180 * Aus: Kocbek, Edvard: Rane pesmi. - Ljubljana: Cankarjeva založba 1991

Mavrica (regenbogen). In: Kocbek, Edvard: Dichtungen. Hrsg. u. übersetzt von William S. Heiliger. Mit einem Vorwort v. Heinrich Böll. - Hann. Münden: Chr. Gauke Verl. 1978, S. 40 * Aus: Kocbek, Edvard: Zbrane pesmi 1977, Bd. 1, S. 162

Med Sorbonno in Pantheonom (Zwischen Sorbonne und Panthéon). In: Kocbek, Edvard: Aschenglut. Gedichte. Aus dem Slowenischen von Klaus Detlef Olof. - Klagenfurt, Salzburg: Wieser Verl. 1996, S. 79 * Aus: Nevesta v črnem; Kocbek, Edvard: Zbrane pesmi, 1977, Bd. 2, S. 220

Melodija (melodie). In: Kocbek, Edvard: Dichtungen. Hrsg. u. übersetzt von William S. Heiliger. Mit einem Vorwort v. Heinrich Böll. - Hann. Münden: Chr. Gauke Verl. 1978, S. 23 * Aus: Kocbek, Edvard: Zbrane pesmi, 1977, Bd. 1, S. 199

Melodija (melodie). In: Kocbek, Edvard: Dichtungen. Hrsg. u. übersetzt von William S. Heiliger. Mit einem Vorwort v. Heinrich Böll. - Hann. Münden: Chr. Gauke Verl. 1978, S. 54 * Aus: Kocbek, Edvard: Zbrane pesmi, 1977, Bd. 2, S. 45

Melodija (Melodie). Übersetzt von Ina Jun Broda. In: Die Tat, Zürich, Nr. 96, v. 25.4.1970, S. 35

Mesec s kolobarjem (Mond im Hof). In: Kocbek, Edvard: Aschenglut. Gedichte. Aus dem Slowenischen von Klaus Detlef Olof. - Klagenfurt, Salzburg: Wieser Verl. 1996, S. 18 * Aus: Groza, 1963, S. 44

Mesec sije v ograjene pašnike (Der Mond scheint auf umzäunte Koppeln). In: Kocbek, Edvard: Aschenglut. Gedichte. Aus dem Slowenischen von Klaus Detlef Olof. - Klagenfurt, Salzburg: Wieser Verl. 1996, S. 10 * Aus: Zemlja, 1934, S. 32

Mikrofon v zidu (Das Mikrophon in der Wand). In: Kocbek, Edvard: Aschenglut. Gedichte. Aus dem Slowenischen von Klaus Detlef Olof. - Klagenfurt, Salzburg: Wieser Verl. 1996, S. 49 * Aus: Poročilo, 1969, S. 77-79

Mikrofon v zidu (Das Mikrophon in der Wand). Übersetzt von Klaus Detlef Olof. In: An den Toren einer unbekannten Stadt. Auswahl Drago Jančar. Mit einem Vorwort von Lars Gustafsson. - Berlin: Alexander Verl. 2002, S. 82-85

Mikrofon v zidu (Das Mikrophon in der Wand). Übersetzt von Klaus Detlef Olof. In: Gauß, Karl-Markus; Hartinger, Ludwig (Hrsg.): Das Buch der Ränder. Lyrik. 1. Aufl. - Klagenfurt; Salzburg: Wieser 1995, S. 157-159

Mikrofon v zidu (Mikrophon in der Wand). Übersetzt von Ina Jun Broda. In: Tagebuch, Wien, Nr. 3/4, 1969, S. 2

Mikrofon v zidu (Mikrophon in der Wand). Übersetzt von Ina Jun Broda. In: Podium, Wien, 1982, H. 43, S. 27

Milost (gnade). In: Kocbek, Edvard: Dichtungen. Hrsg. u. übersetzt von William S. Heiliger. Mit einem Vorwort v. Heinrich Böll. - Hann. Münden: Chr. Gauke Verl. 1978, S. 9 * Aus: Kocbek, Edvard: Zbrane pesmi, 1977, Bd. 1, S. 181

Množice (Die Massen). Übersetzt von Milena Merlak und Lev Detela. In: Detela, Lev (Hrsg.): Kocbeks Lesebuch. - Klagenfurt, Laibach, Wien: Hermagoras Verl. 1997, S. 56, 58 * Aus: Poročilo,

1969, S. 23
Močna rdeča junca gresta počasi (Erde). Übersetzt von Lev Detela. In: Die Furche, Wien, Nr. 46, v. 18.11.1981

Močna rdeča junca gresta počasi (Erde). Übersetzt von Lev Detela. In: LESEZIRKEL, 1984, Nr. 3, Beilage der Wiener Zeitung, v. 25.2.1984, Nr. 47

Močna rdeča junca gresta počasi (Die Erde). [Übersetzt von Lev Detela] In: integral. das Forum zur ideologischen Auseinandersetzung zwischen Ost und West, Wien, 3. Jg., (1978), Nr. 1, S. 8

Močna rdeča junca gresta počasi (Zwei starke rote Farren). In: Kocbek, Edvard: Aschenglut. Gedichte. Aus dem Slowenischen von Klaus Detlef Olof. - Klagenfurt, Salzburg: Wieser Verl. 1996, S. 9 * Aus: Zemlja, 1934, S. 39

Močna rdeča junca gresta počasi (Zwei starke rote Ochsen). In: Detela, Lev (Hrsg.): Kocbeks Lesebuch. - Klagenfurt, Laibach, Wien: Hermagoras Verl. 1997, S. 27 * Aus: Zemlja, 1934, S. 39

Moje partizansko ime (Mein Deckname als Partisan). In: Kocbek, Edvard: Die Dialektik. Slowenisch - Deutsch. Übersetzt von Janez Gradišnik und Dieter Leisegang. - Frankfurt am Main: Horst Heiderhoff Verl. 1968, S. 17

Moje partizansko ime (Mein Partisanenname). Übersetzt von Ina Jun Broda. In: Literatur und Kritik, Wien, 3. Jg., (1968), S. 574-575

Moje partizansko ime (Mein Partisanenname). Übersetzt von Peter Kersche. In: Detela, Lev (Hrsg.): Kocbeks Lesebuch. - Klagenfurt, Laibach, Wien: Hermagoras Verl. 1997, S. 73 * Aus: Poročilo, 1969, S. 66

Moje skrivališče (Mein Versteck). In: Kocbek, Edvard: Aschenglut. Gedichte. Aus dem Slowenischen von Klaus Detlef Olof. - Klagenfurt, Salzburg: Wieser Verl. 1996, S. 76 * Aus: Nevesta v črnem; Kocbek, Edvard: Zbrane pesmi, 1977, Bd. 2, S. 213

Moje življenje (Mein Leben). In: Kocbek, Edvard: Aschenglut. Gedichte. Aus dem Slowenischen von Klaus Detlef Olof. - Klagenfurt, Salzburg: Wieser Verl. 1996, S. 45 * Aus: Poročilo, 1969, S. 69 f.

Molitev (Das Gebet). Übersetzt von Milena Merlak und Lev Detela. In: Detela, Lev (Hrsg.): Kocbeks Lesebuch. - Klagenfurt, Laibach, Wien: Hermagoras Verl. 1997, S. 47 * Aus: Groza, 1963, S. 109

Molitev (Das Gebet). Übersetzt von Lev Detela. In: Log, Zeitschrift für internationale Literatur, Wien, 8. Jg., (1985), Nr. 26/27, S. [16-18]

Molitev (Gebet). Übersetzt von Franjo Smerdu. In: Gottschalk, Herbert (Hrsg.): Jugoslawische Lyrik der Gegenwart. Ausgew. u. hrsg. v. Herbert Gottschalk. - Gütersloh: Sigbert Mohn 1964, S. 22-23

Molitev (Gebet). Übersetzt von Hans-Joachim Lanksch. In: Gauß, Karl-Markus; Hartinger, Ludwig (Hrsg.): Das Buch der Ränder. Lyrik. 1. Aufl. - Klagenfurt; Salzburg: Wieser 1995, S. 21

Moška pesem (Männergedicht). Übersetzt von Milena Merlak und Lev Detela. In: Detela, Lev (Hrsg.): Kocbeks Lesebuch. - Klagenfurt, Laibach, Wien: Hermagoras Verl. 1997, S. 100 * Aus: Nevesta v črnem, 1977; Kocbek, Edvard: Zbrane pesmi, 1977, Bd. 2, S. 186

Na eni struni (Mit einer Saite). Übersetzt von Milena Merlak und Lev Detela. In: Detela, Lev (Hrsg.): Kocbeks Lesebuch. - Klagenfurt, Laibach, Wien: Hermagoras Verl. 1997, S. 67 * Aus: Poročilo, 1969, S. 35

Na polju (Auf dem Feld). Übersetzt von Lev Detela. In: Detela, Lev (Hrsg.): Kocbeks Lesebuch. - Klagenfurt, Laibach, Wien: Hermago-

ras Verl. 1997, S. 45 * Aus: Groza, 1963, S. 97
Na polju (Auf dem Feld). Übersetzt von Lev Detela. In: Log, Zeitschrift für internationale Literatur, Wien, 8. Jg., (1985), Nr. 26/27, S. [16-18]

Na polju (offenes feld). In: Kocbek, Edvard: Dichtungen. Hrsg. u. übersetzt von William S. Heiliger. Mit einem Vorwort v. Heinrich Böll. - Hann. Münden: Chr. Gauke Verl. 1978, S. 25 * Aus: Kocbek, Edvard: Zbrane pesmi, 1977, Bd. 1, S. 190

Na vratih zvečer (An der Tür abends). Übersetzt von Peter Kersche. In: Ferk, Janko (Hrsg.): Nirgendwo eingewebte Spur. Eine Anthologie slowenischer Lyrik. - Wien: Edition Atelier 1995, S. 41

Na vratih zvečer (An der Tür abends). Übersetzt von Peter Kersche. In: Detela, Lev (Hrsg.): Kocbeks Lesebuch. - Klagenfurt, Laibach, Wien: Hermagoras Verl. 1997, S. 91 * Aus: Prostor in čas, 4. Jg., (1972), S. 132

Na vratih zvečer (An der Tür abends). Übersetzt von Peter Kersche. In: ZET. Das Zeichenheft für Literatur und Graphik, Heidelberg, 3. Jg., (1975), H. 11, S. 9 * Unter dem Titel Sieben Gedichte; Aus: Prostor in čas, Ljubljana, 4. Jg., (1972), H. 3/4, S. 132

Na vratih zvečer (an der tür abends). Übersetzt von Peter Kersche. In: Das blaue Band, Klagenfurt, 4. Jg., (1979), H. 1 (=Nr. 12-13), S. 44

Narava (Die Natur). In: Kocbek, Edvard: Aschenglut. Gedichte. Aus dem Slowenischen von Klaus Detlef Olof. - Klagenfurt, Salzburg: Wieser Verl. 1996, S. 92 * Aus: Kamen skala, 1991, S. 40

Navodila za uporabo (Gebrauchsanweisung). Übersetzt von Milena Merlak und Lev Detela. In: Detela, Lev (Hrsg.): Kocbeks Lesebuch. - Klagenfurt, Laibach, Wien: Hermagoras Verl. 1997, S. 83 * Aus: Žerjavica, 1974

Navodilo za uporabo (gebrauchsanweisung). In: Kocbek, Edvard: Dichtungen. Hrsg. u. übersetzt von William S. Heiliger. Mit einem Vorwort v. Heinrich Böll. - Hann. Münden: Chr. Gauke Verl. 1978, S. 31 * Aus: Kocbek, Edvard: Zbrane pesmi, 1977, Bd. 2, S. 94

Nekaj me objema (Etwas umfängt mich). In: Kocbek, Edvard: Aschenglut. Gedichte. Aus dem Slowenischen von Klaus Detlef Olof. - Klagenfurt, Salzburg: Wieser Verl. 1996, S. 97 * Aus: Kamen skala, 1991, S. 67

Nemost (stumme zwiesprache). In: Kocbek, Edvard: Dichtungen. Hrsg. u. übersetzt von William S. Heiliger. Mit einem Vorwort v. Heinrich Böll. - Hann. Münden: Chr. Gauke Verl. 1978, S. 11 * Aus: Kocbek, Edvard: Groza, 1963, S. 31

Nemški dnevnik (Deutsches Tagebuch). Übersetzt von Lev Detela. In: Detela, Lev (Hrsg.): Kocbeks Lesebuch. - Klagenfurt, Laibach, Wien: Hermagoras Verl. 1997, S. 122 ff.

Nemški dnevnik (Tagebuch eines Deutschlandreisenden). Übersetzt von Silvester Škerl. In: Loccumer Protokolle IX, 1968. Die BRD und Osteuropa. Eine jugoslawisch-deutsche Begegnung vom 29. bis 31. März 1968, S. 61-72 * Auszug aus dem Tagebuch

Nisem se dovolj naigral z besedami (Ich habe mich nicht satt gespielt). In: Kocbek, Edvard: Aschenglut. Gedichte. Aus dem Slowenischen von Klaus Detlef Olof. - Klagenfurt, Salzburg: Wieser Verl. 1996, S. 99 * Aus: Kamen skala, 1991, S. 73

Nisem se dovolj naigral z besedami (Ich habe mich nicht satt gespielt). Übersetzt von Klaus Detlef Olof. In: Poniž, Denis; Lojze Wieser (Hrsg.): Ljubljana. - Klagenfurt: Wieser 1999, S. 215-216

Nočna slovesnost (Nächtliche Feier). In: Kocbek, Edvard: Aschenglut. Gedichte. Aus dem Slowenischen von Klaus Detlef Olof. - Klagenfurt, Salzburg: Wieser Verl. 1996, S. 63 * Aus: Kocbek, Edvard: Žerjavica. Koper 1974. (Pesniški list. 24.); Kocbek, Edvard: Zbrane

pesmi, 1977, Bd. 2, S. 103
Nočna slovesnost (nächtliche feierlichkeiten). In: Kocbek, Edvard: Dichtungen. Hrsg. u. übersetzt von William S. Heiliger. Mit einem Vorwort v. Heinrich Böll. - Hann. Münden: Chr. Gauke Verl. 1978, S. 21 * Aus: Kocbek, Edvard: Zbrane pesmi 1977, Bd. 2, S. 103

Nočni obred (Der nächtliche Ritus). Übersetzt von Lev Detela. In: Detela, Lev (Hrsg.): Kocbeks Lesebuch. - Klagenfurt, Laibach, Wien: Hermagoras Verl. 1997, S. 39 * Aus: Groza, 1963, S. 67

Nočni obred (nächtliche riten). In: Kocbek, Edvard: Dichtungen. Hrsg. u. übersetzt von William S. Heiliger. Mit einem Vorwort v. Heinrich Böll. - Hann. Münden: Chr. Gauke Verl. 1978, S. 10 * Aus: Kocbek, Edvard: Zbrane pesmi, 1977, Bd. 1, S. 164

Nočno igrišče (Nächtlicher Spielplatz). In: Kocbek, Edvard: Aschenglut. Gedichte. Aus dem Slowenischen von Klaus Detlef Olof. - Klagenfurt, Salzburg: Wieser Verl. 1996, S. 30 * Aus: Groza, 1963, S. 76

Nočno igrišče (nächtlicher spielplatz). In: Kocbek, Edvard: Dichtungen. Hrsg. u. übersetzt von William S. Heiliger. Mit einem Vorwort v. Heinrich Böll. - Hann. Münden: Chr. Gauke Verl. 1978, S. 46 * Aus: Kocbek, Edvard: Zbrane pesmi, 1977, Bd. 1, S. 172

Nočno igrišče (Nächtlicher Spielplatz). Übersetzt von Klaus Detlef Olof. In: Neuhäuser, Rudolf; Olof, Klaus Detlef; Paternu, Boris (Hrsg.): Auf dem grünen Dach des Windes. Slowenische Lyrik der Gegenwart. Na zeleni strehi vetra. Sodobna slovenska lirika. - Klagenfurt: Heyn 1980, S. 20-21

Novo nasilje (Neue Gewalt). Übersetzt von Lev Detela. In: Detela, Lev (Hrsg.): Kocbeks Lesebuch. - Klagenfurt, Laibach, Wien: Hermagoras Verl. 1997, S. 88 * Aus: Žerjavica, 1974; Kocbek, Edvard: Zbrane pesmi, 1977, Bd. 2, S. 125

O slepih živalih (Von blinden Tieren). Übersetzt von Milena Merlak und Lev Detela. In: Detela, Lev (Hrsg.): Kocbeks Lesebuch. - Klagenfurt, Laibach, Wien: Hermagoras Verl. 1997, S. 99 * Aus: Nevesta v črnem, 1977; Kocbek, Edvard: Zbrane pesmi, 1977, Bd. 2, S. 147

O svobodi uma (Von der Freiheit des Geistes). In: Kocbek, Edvard: Aschenglut. Gedichte. Aus dem Slowenischen von Klaus Detlef Olof. - Klagenfurt, Salzburg: Wieser Verl. 1996, S. 80 * Aus: Nevesta v črnem; Kocbek, Edvard: Zbrane pesmi, 1977, Bd. 2, S. 224

Oba (wir beide). In: Kocbek, Edvard: Dichtungen. Hrsg. u. übersetzt von William S. Heiliger. Mit einem Vorwort v. Heinrich Böll. - Hann. Münden: Chr. Gauke Verl. 1978, S. 39 * Aus: Kocbek, Edvard: Groza, 1963, S. 71; Kocbek, Edvard: Zbrane pesmi 1977, Bd. 1, S. 167

Oba (Wir beide). Übersetzt von Franjo Smerdu. In: Kruntorad, Paul (Hrsg.): Neue slowenische Lyrik. Ausgew. v. Paul Kruntorad. - Salzburg: Otto Müller 1971, S. 12

Oba (Wir beide). Übersetzt von Lev Detela. In: Detela, Lev (Hrsg.): Kocbeks Lesebuch. - Klagenfurt, Laibach, Wien: Hermagoras Verl. 1997, S. 40 * Aus: Groza, 1963, S. 71

Oba (Wir beide). Übersetzt von Lev Detela. In: Log, Zeitschrift für internationale Literatur, Wien, 8. Jg., (1985), Nr. 26/27, S. [16-18]

Obljubljena dežela (Das Gelobte Land). In: Kocbek, Edvard: Aschenglut. Gedichte. Aus dem Slowenischen von Klaus Detlef Olof. - Klagenfurt, Salzburg: Wieser Verl. 1996, S. 22 * Aus: Pentagram; Kocbek, Edvard: Zbrane pesmi, 1977, Bd. 1, S. 238

Očiščenje (Läuterung). In: Kocbek, Edvard: Aschenglut. Gedichte. Aus dem Slowenischen von Klaus Detlef Olof. - Klagenfurt, Salzburg: Wieser Verl. 1996, S. 62 * Aus: Žerjavica, 1974; Kocbek, Edvard: Zbrane pesmi, 1977, Bd. 2, S. 90

Odprta so vsa vrata (Alle Türen sind offen). Übersetzt von Lev Detela. In: Log, Zeitschrift für internationale Literatur, Wien, 8. Jg., (1985), Nr. 26/27, S. [16-18]

Odprta so vsa vrata (Alle Türen sind offen). Übersetzt von Milena Merlak und Lev Detela. In: Detela, Lev (Hrsg.): Kocbeks Lesebuch. - Klagenfurt, Laibach, Wien: Hermagoras Verl. 1997, S. 97 * Aus: Nevesta v črnem, 1977; Kocbek, Edvard: Zbrane pesmi, 1977, Bd. 2, S. 145

Odprta so vsa vrata (Alle Türen stehen offen). In: Kocbek, Edvard: Aschenglut. Gedichte. Aus dem Slowenischen von Klaus Detlef Olof. - Klagenfurt, Salzburg: Wieser Verl. 1996, S. 75 * Aus: Nevesta v črnem; In: Kocbek, Edvard: Zbrane pesmi, 1977, Bd. 2, S. 145

Palica (wanderstab). In: Kocbek, Edvard: Dichtungen. Hrsg. u. übersetzt von William S. Heiliger. Mit einem Vorwort v. Heinrich Böll. - Hann. Münden: Chr. Gauke Verl. 1978, S. 45 * Aus: Kocbek, Edvard: Zbrane pesmi, 1977, Bd. 1, S. 179

Papige (Die Papageien). Übersetzt von Otto F[rantišek] Babler. In: Literatur und Kritik, Wien, 3. Jg., (1968), Nr. 30, S. 569-570 * Aus: Kocbek, Edvard: Zbrane pesmi, 1977, 2. Bd., S. 20

Partizanski dnevnik 1943 (Partisanentagebuch 1943). Übersetzt von Lev Detela. In: integral. das Forum zur ideologischen Auseinandersetzung zwischen Ost und West, Wien, 3. Jg., (1978), Nr. 1, S. 5 (=April-Mai 1978)

Plameniti gostitelj (Edler Gastgeber). In: Kocbek, Edvard: Aschenglut. Gedichte. Aus dem Slowenischen von Klaus Detlef Olof. - Klagenfurt, Salzburg: Wieser Verl. 1996, S. 91 * Aus: Kamen skala, 1991, S. 41

Po mitingu (Nach dem Meeting). In: Kocbek, Edvard: Aschenglut. Gedichte. Aus dem Slowenischen von Klaus Detlef Olof. - Klagenfurt, Salzburg: Wieser Verl. 1996, S. 24 * Aus: Groza, 1963, S. 53

Pogon (Treibjagd). In: Kocbek, Edvard: Aschenglut. Gedichte. Aus dem Slowenischen von Klaus Detlef Olof. - Klagenfurt, Salzburg: Wieser Verl. 1996, S. 17 * Aus: Groza, 1963, S. 28

Pogon (Treibjagd). Übersetzt von Franjo Smerdu. In: Kruntorad, Paul (Hrsg.): Neue slowenische Lyrik. Ausgew. v. Paul Kruntorad. - Salzburg: Otto Müller 1971, S. 13

Pokrajina (landschaftsbilder). In: Kocbek, Edvard: Dichtungen. Hrsg. u. übersetzt von William S. Heiliger. Mit einem Vorwort v. Heinrich Böll. - Hann. Münden: Chr. Gauke Verl. 1978, S. 20 * Aus: Kocbek, Edvard: Zbrane pesmi, 1977, Bd. 1, S. 182

Ponočni veter (mitternachtswind). In: Kocbek, Edvard: Dichtungen. Hrsg. u. übersetzt von William S. Heiliger. Mit einem Vorwort v. Heinrich Böll. - Hann. Münden: Chr. Gauke Verl. 1978, S. 50 * Aus: Kocbek, Edvard: Zbrane pesmi, 1977, Bd. 1, S. 173

Pont (Das Pont oder die Verbannung). In: Kocbek, Edvard: Die Dialektik. Slowenisch - Deutsch. Übersetzt von Janez Gradišnik und Dieter Leisegang. - Frankfurt am Main: Horst Heiderhoff Verl. 1968, S. 21

Pont (Das Pont oder die Verbannung). Übersetzt von Janez Gradišnik und Dieter Leisegang. In: Litterae slovenicae, Nr. 1 (1995) = 33, Nr. 85 (1995), S. 32

Pont (Der Pontus). Übersetzt von Peter Kersche. In: Literatur und Kritik, 11. Jg., (1976), Nr. 101, S. 2 * Aus: Poročilo, 1969, S, 51

Pont (Der Pontus). Übersetzt von Peter Kersche. In: Sterz, Deutschlandsberg, 3. Jg., (1978), Nr. 6, S. 4

Povabilo na ples (Aufforderung zum Tanz). In: Kocbek, Edvard: Aschenglut. Gedichte. Aus dem Slowenischen von Klaus Detlef Olof. - Klagenfurt, Salzburg: Wieser Verl. 1996, S. 16 * Aus: Groza, 1963, S. 21

Povabilo na ples (aufforderung zum tanz). In: Kocbek, Edvard: Dichtungen. Hrsg. u. übersetzt von William S. Heiliger. Mit einem Vorwort v. Heinrich Böll. - Hann. Münden: Chr. Gauke Verl. 1978, S. 35 * Aus: Kocbek, Edvard: Zbrane pesmi, 1977, Bd. 1, S. 123

Pozabljena (vergessen). In: Kocbek, Edvard: Dichtungen. Hrsg. u. übersetzt von William S. Heiliger. Mit einem Vorwort v. Heinrich Böll. - Hann. Münden: Chr. Gauke Verl. 1978, S.42 * Aus: Kocbek, Edvard: Zbrane pesmi, 1977, Bd. 1, S. 132

Požari (Feuersbrünste). In: Kocbek, Edvard: Aschenglut. Gedichte. Aus dem Slowenischen von Klaus Detlef Olof. - Klagenfurt, Salzburg: Wieser Verl. 1996, S. 94 * Aus: Kamen skala, 1991, S. 66

Poziv (aufruf). In: Kocbek, Edvard: Dichtungen. Hrsg. u. übersetzt von William S. Heiliger. Mit einem Vorwort v. Heinrich Böll. - Hann. Münden: Chr. Gauke Verl. 1978, S. 24 * Aus: Kocbek, Edvard: Zbrane pesmi, 1977, Bd. 1, S. 191

Prastari čudež (Das uralte Wunder). Übersetzt von Milena Merlak und Lev Detela. In: Detela, Lev (Hrsg.): Kocbeks Lesebuch. - Klagenfurt, Laibach, Wien: Hermagoras Verl. 1997, S. 111 * Aus: Nevesta v črnem, 1977; Aus: Kocbek, Edvard: Zbrane pesmi, 1977, Bd. 2, S. 234

Praštevila (Primzahlen). Übersetzt von Peter Kersche. In: Detela, Lev (Hrsg.): Kocbeks Lesebuch. - Klagenfurt, Laibach, Wien: Hermagoras Verl. 1997, S. 95 * Aus: Prostor in čas, Ljubljana, 4. Jg., (1972), Nr. 3-4, S. 134

Praštevila (Primzahlen). Übersetzt von Peter Kersche. In: Literatur und Kritik, 11. Jg., (1976), Nr. 101, S. 4 * Aus: Prostor in čas, 4. Jg., (1972), H. 3-4, S. 134

Pred Figovcem (kaffeehaus figovec). In: Kocbek, Edvard: Dichtungen. Hrsg. u. übersetzt von William S. Heiliger. Mit einem Vorwort v. Heinrich Böll. - Hann. Münden: Chr. Gauke Verl. 1978, S. 51 f. *

Aus: Kocbek, Edvard: Zbrane pesmi, 1977, Bd. 1, S. 174

Pred Figovcem (kaffeehaus figovec). Übersetzt von Wilhelm Heiliger. In: Poniž, Denis; Lojze Wieser (Hrsg.): Ljubljana. - Klagenfurt: Wieser 1999, S. 57-58

Pred viharjem (Nur wenige Kilometer bis Ljubljana, zu unserer heiligen Stadt. 1.11.1942). Übersetzt von Klaus Detlef Olof. In: Poniž, Denis; Lojze Wieser (Hrsg.): Ljubljana. - Klagenfurt: Wieser 1999, S. 165-166 * Auszug

Predmeti (Die Dinge). In: Kocbek, Edvard: Aschenglut. Gedichte. Aus dem Slowenischen von Klaus Detlef Olof. - Klagenfurt, Salzburg: Wieser Verl. 1996, S. 33 * Aus: Groza, 1963, S. 96

Predmeti (Dinge). In: Kocbek, Edvard: Die Dialektik. Slowenisch - Deutsch. Übersetzt von Janez Gradišnik und Dieter Leisegang. - Frankfurt am Main: Horst Heiderhoff Verl. 1968, S. 11

Predmeti (gegenstände). In: Kocbek, Edvard: Dichtungen. Hrsg. u. übersetzt von William S. Heiliger. Mit einem Vorwort v. Heinrich Böll. - Hann. Münden: Chr. Gauke Verl. 1978, S. 13 * Aus: Kocbek, Edvard: Zbrane pesmi, 1977, Bd. 1, S. 189

Predmeti (Gegenstände). Übersetzt von Janez Gradišnik u. Dieter Leisegang. In: Akzente. Zeitschrift für Dichtung. Hrsg. v. Walter Höllerer u. Hans Bender, Köln, 17. Jg., (1970), H. 3, S. 248-250.

Predmeti (Gegenstände). Übersetzt von Klaus Detlef Olof. In: Neuhäuser, Rudolf; Olof, Klaus Detlef; Paternu, Boris (Hrsg.): Auf dem grünen Dach des Windes. Slowenische Lyrik der Gegenwart. Na zeleni strehi vetra. Sodobna slovenska lirika. - Klagenfurt: Heyn 1980, S. 22-23

Predmeti starodavni spijo (altmodische gegenstände schlafen). In: Kocbek, Edvard: Dichtungen. Hrsg. u. übersetzt von William S. Heiliger. Mit einem Vorwort v. Heinrich Böll. - Hann. Münden: Chr.

Gauke Verl. 1978, S. 51 * Aus: Kocbek, Edvard: Zemlja 1934, S. 15

Presunjenost (ergriffenheit). In: Kocbek, Edvard: Dichtungen. Hrsg. u. übersetzt von William S. Heiliger. Mit einem Vorwort v. Heinrich Böll. - Hann. Münden: Chr. Gauke Verl. 1978, S. 17 * Aus: Kocbek, Edvard: Žerjavica, 1974; Kocbek, Edvard: Zbrane pesmi 1977, Bd. 2, S. 92

Prijatelj z uro in očali (Freund mit Brille und Uhr). In: Kocbek, Edvard: Aschenglut. Gedichte. Aus dem Slowenischen von Klaus Detlef Olof. - Klagenfurt, Salzburg: Wieser Verl. 1996, S. 60 * Aus: Žerjavica, 1974; Kocbek, Edvard: Zbrane pesmi 1977, Bd. 2, S. 104

Prijateljica (freundin). In: Kocbek, Edvard: Dichtungen. Hrsg. u. übersetzt von William S. Heiliger. Mit einem Vorwort v. Heinrich Böll. - Hann. Münden: Chr. Gauke Verl. 1978, S. 29 * Aus: Kocbek, Edvard: Zbrane pesmi 1977, Bd. 1, S. 165

Pritrkavanje (Glockenspiel). In: Jun-Broda, Ina (Hrsg.): Beschwingter Stein. Gedichte zeitgenössischer Dichter aus Jugoslawien. Gesammelt u. nachgedichtet v. Ina Jun Broda. - Wien, München: Jugend & Volk; Zagreb: Sveučelišna naklada Liber 1976, S. 54 * Aus: Groza, 1963, S. 49; Kocbek, Edvard: Zbrane pesmi 1977, Bd. 1, S. 149

Prošnja (Bitte). In: Kocbek, Edvard: Aschenglut. Gedichte. Aus dem Slowenischen von Klaus Detlef Olof. - Klagenfurt, Salzburg: Wieser Verl. 1996, S. 83 * Aus: Nevesta v črnem; Kocbek, Edvard: Zbrane pesmi, 1977, Bd. 2, S. 199

Prostor (weltenraum). In: Kocbek, Edvard: Dichtungen. Hrsg. u. übersetzt von William S. Heiliger. Mit einem Vorwort v. Heinrich Böll. - Hann. Münden: Chr. Gauke Verl. 1978, S. 56 * Aus: Kocbek, Edvard: Poročilo, 1969, S. 41

Raketa (Die Rakete). Übersetzt von Ina Jun Broda. In: Literatur und Kritik, Wien, 1970, Nr. 47-48, S. 385

Raketa (Die Rakete). Übersetzt von Ina Jun Broda. In: Podium, Wien, 1982, H. 43, S. 26

Raketa (Die Rakete). Übersetzt von Milena Merlak und Lev Detela. In: Detela, Lev (Hrsg.): Kocbeks Lesebuch. - Klagenfurt, Laibach, Wien: Hermagoras Verl. 1997, S. 63 * Aus: Poročilo, 1969, S. 31

Ravna črta (Der gerade Strich). In: Kocbek, Edvard: Aschenglut. Gedichte. Aus dem Slowenischen von Klaus Detlef Olof. - Klagenfurt, Salzburg: Wieser Verl. 1996, S. 72 * Aus: Nevesta v črnem; Kocbek, Edvard: Zbrane pesmi, 1977, Bd. 2, S. 158

Razpelo na polju (Das Kreuzbild im Feld). Übersetzt von Franjo Smerdu. In: Kruntorad, Paul (Hrsg.): Neue slowenische Lyrik. Ausgew. v. Paul Kruntorad. - Salzburg: Otto Müller 1971, S. 11

Razpelo na polju (Der Kruzifixus auf dem Feld). In: Kocbek, Edvard: Aschenglut. Gedichte. Aus dem Slowenischen von Klaus Detlef Olof. - Klagenfurt, Salzburg: Wieser Verl. 1996, S. 26 * Aus: Groza, 1963, S. 46

Razvaline (Ruinen). In: Kocbek, Edvard: Aschenglut. Gedichte. Aus dem Slowenischen von Klaus Detlef Olof. - Klagenfurt, Salzburg: Wieser Verl. 1996, S. 88 * Aus: Kamen skala, 1991, S. 64

Roki (Die Hände). In: Kocbek, Edvard: Die Dialektik. Slowenisch - Deutsch. Übersetzt von Janez Gradišnik und Dieter Leisegang. - Frankfurt am Main: Horst Heiderhoff Verl. 1968, S. 13

Roki (Die Hände). Übersetzt von Janez Gradišnik u. Dieter Leisegang. In: Akzente. Zeitschrift für Dichtung. Hrsg. v. Walter Höllerer u. Hans Bender, Köln, 17. Jg., (1970), H. 3, S. 248-250.

Roki (Die Hände). Übersetzt von Janez Gradišnik und Dieter Leisegang. In: Litterae slovenicae, Nr. 1 (1995) = 33, Nr. 85 (1995), S. 30-31

Roki (Die Hände). Übersetzt von Otto F[rantišek] Babler. In: Literatur und Kritik, Wien, 3. Jg., (1968), Nr. 30, S. 569 * Aus: Kocbek, Edvard: Zbrane pesmi, 1977, 1. Bd., S. 140

Roki (hände). In: Kocbek, Edvard: Dichtungen. Hrsg. u. übersetzt von William S. Heiliger. Mit einem Vorwort v. Heinrich Böll. - Hann. Münden: Chr. Gauke Verl. 1978, S. 44 * Aus: Kocbek, Edvard: Zbrane pesmi, 1977, Bd. 1, S. 140

Roki (Meine Hände). In: Jun-Broda, Ina (Hrsg.): Beschwingter Stein. Gedichte zeitgenössischer Dichter aus Jugoslawien. Gesammelt u. nachgedichtet v. Ina Jun Broda. - Wien, München: Jugend & Volk; Zagreb: Sveučelišna naklada Liber 1976, S. 24

Selitev (auswanderung). In: Kocbek, Edvard: Dichtungen. Hrsg. u. übersetzt von William S. Heiliger. Mit einem Vorwort v. Heinrich Böll. - Hann. Münden: Chr. Gauke Verl. 1978, S. 14 * Aus: Kocbek, Edvard: Zbrane pesmi, 1977, Bd. 1, S. 183

Selitev (Wanderung). In: Kocbek, Edvard: Aschenglut. Gedichte. Aus dem Slowenischen von Klaus Detlef Olof. - Klagenfurt, Salzburg: Wieser Verl. 1996, S. 32 * Aus: Groza, 1963, S. 89

Slavni mož (Der berühmte Mann). Übersetzt von Lev Detela. In: Log, Zeitschrift für internationale Literatur, Wien, 8. Jg., (1985), Nr. 26/27, S. [16-18]

Smešneži (Die Komiker). Übersetzt von Milena Merlak und Lev Detela. In: Detela, Lev (Hrsg.): Kocbeks Lesebuch. - Klagenfurt, Laibach, Wien: Hermagoras Verl. 1997, S. 103 * Aus: Nevesta v črnem, 1977; Kocbek, Edvard: Zbrane pesmi, 1977, Bd. 2, S. 194

Smrt (der tod). In: Kocbek, Edvard: Dichtungen. Hrsg. u. übersetzt von William S. Heiliger. Mit einem Vorwort v. Heinrich Böll. - Hann.

Münden: Chr. Gauke Verl. 1978, S. 48 * Aus: Kocbek, Edvard: Zbrane pesmi, 1977, Bd. 1, S. 142

Smrtne ure (todesstunden). In: Kocbek, Edvard: Dichtungen. Hrsg. u. übersetzt von William S. Heiliger. Mit einem Vorwort v. Heinrich Böll. - Hann. Münden: Chr. Gauke Verl. 1978, S. 47 * Aus: Kocbek, Edvard: Zbrane pesmi, 1977, Bd. 1, S. 145

Sonce je prepreženo s pajčevino (Die Sonne spinnwebumwoben). Übersetzt von Peter Kersche. In: Das blaue Band, Klagenfurt, 4. Jg., (1979), H. 1 (=Nr. 12-13), S. 45 * Aus: Zemlja, 1934, S. 38

Sonce zahaja (sonnenuntergang). In: Kocbek, Edvard: Dichtungen. Hrsg. u. übersetzt von William S. Heiliger. Mit einem Vorwort v. Heinrich Böll. - Hann. Münden: Chr. Gauke Verl. 1978, S. 27 * Aus: Kocbek, Edvard: Zbrane pesmi, 1977, Bd. 1, S. 11

Sören Kierkegaard („Grüßen Sie mir alle Menschen. Über Leben und Werk des Philosophen Sören Kierkegaard). Übersetzt von Lev Detela. In: integral. das Forum zur geistigen Auseinandersetzung zwischen Ost und West, Wien, 7. Jg., (1982), Nr. 7-8, S. 40-45 * Aus: Dom in svet, Ljubljana, 1935, S. 404-415; Kocbek, Edvard: Sodobni misleci, Celje 1981, S. 9-23

Sören Kierkegaard. Übersetzt von Lev Detela. In: Log, Zeitschrift für internationale Literatur, 1983, Nr. 17, S. [14-17]

Sosed na oblaku (Der Nachbar auf der Wolke). In: Kocbek, Edvard: Aschenglut. Gedichte. Aus dem Slowenischen von Klaus Detlef Olof. - Klagenfurt, Salzburg: Wieser Verl. 1996, S. 41 * Aus: Poročilo, 1969, S. 13

Sosed na oblaku (Der Nachbar auf der Wolke). Übersetzt von Milena Merlak und Lev Detela. In: Detela, Lev (Hrsg.): Kocbeks Lesebuch. - Klagenfurt, Laibach, Wien: Hermagoras Verl. 1997, S. 53 * Aus: Poročilo, 1969, S. 13

Spomin (erinnerung). In: Kocbek, Edvard: Dichtungen. Hrsg. u. übersetzt von William S. Heiliger. Mit einem Vorwort v. Heinrich Böll. - Hann. Münden: Chr. Gauke Verl. 1978, S. 55 * Aus: Kocbek, Edvard: Zbrane pesmi, 1977, Bd. 2, S. 43

Stava (Die Wette). Übersetzt von Lev Detela. In: Detela, Lev (Hrsg.): Kocbeks Lesebuch. - Klagenfurt, Laibach, Wien: Hermagoras Verl. 1997, S. 34 * Aus: Groza, 1963, S. 18

Stava (Einsätze). In: Jun-Broda, Ina (Hrsg.): Beschwingter Stein. Gedichte zeitgenössischer Dichter aus Jugoslawien. Gesammelt u. nachgedichtet v. Ina Jun Broda. - Wien, München: Jugend & Volk; Zagreb: Sveučelišna naklada Liber 1976, S. 17

Stava (spieleinsatz). In: Kocbek, Edvard: Dichtungen. Hrsg. u. übersetzt von William S. Heiliger. Mit einem Vorwort v. Heinrich Böll. - Hann. Münden: Chr. Gauke Verl. 1978, S. 34 * Aus: Kocbek, Edvard: Zbrane pesmi, 1977, Bd. 1, S. 120

Stekleni poduk (Glasunterricht). Übersetzt von Lev Detela. In: Log, Zeitschrift für internationale Literatur, Wien, 8. Jg., (1985), Nr. 26/ 27, S. [16-18]

Stekleni poduk (Glasunterricht). Übersetzt von Milena Merlak und Lev Detela. In: Detela, Lev (Hrsg.): Kocbeks Lesebuch. - Klagenfurt, Laibach, Wien: Hermagoras Verl. 1997, S. 61 * Aus: Poročilo, 1969, S. 30

Strašen spomin (Schreckliche Erinnerung). In: Kocbek, Edvard: Aschenglut. Gedichte. Aus dem Slowenischen von Klaus Detlef Olof. - Klagenfurt, Salzburg: Wieser Verl. 1996, S. 98 * Aus: Kamen skala, 1991, S. 69

Suho listje šumi na drevju (Dürres Laub raschelt). In: Kocbek, Edvard: Aschenglut. Gedichte. Aus dem Slowenischen von Klaus Detlef Olof. - Klagenfurt, Salzburg: Wieser Verl. 1996, S. 11 * Aus: Zemlja, 1934, S. 40

Tarča (zielscheibe). In: Kocbek, Edvard: Dichtungen. Hrsg. u. übersetzt von William S. Heiliger. Mit einem Vorwort v. Heinrich Böll. - Hann. Münden: Chr. Gauke Verl. 1978, S. 43 * Aus: Kocbek, Edvard: Zbrane pesmi, 1977, Bd. 1, S. 141

Težko deblo stiska zadnji koš grozdja (Schwer presst der Balken den letzten Korb Trauben). In: Kocbek, Edvard: Aschenglut. Gedichte. Aus dem Slowenischen von Klaus Detlef Olof. - Klagenfurt, Salzburg: Wieser Verl. 1996, S. 12 * Aus: Zemlja, 1934, S. 43

Ti si skritost za moje oči (du bist das geheimnis meiner augen). In: Kocbek, Edvard: Dichtungen. Hrsg. u. übersetzt von William S. Heiliger. Mit einem Vorwort v. Heinrich Böll. - Hann. Münden: Chr. Gauke Verl. 1978, S. 15 * Aus: Kocbek, Edvard: Zemlja 1934, S. 58; Kocbek, Edvard: Zbrane pesmi, 1977, Bd. 1, S. 61

Ti si skritost za moje oči (Du bist für meine Augen verborgen). Übersetzt von Lev Detela. In: Detela, Lev (Hrsg.): Kocbeks Lesebuch. - Klagenfurt, Laibach, Wien: Hermagoras Verl. 1997, S. 30 * Aus: Zemlja, 1934, S. 58

Ti si skritost za moje oči (Du bist für meine Augen verborgen). Übersetzt von Lev Detela. In: Log, Zeitschrift für internationale Literatur, Wien, 8. Jg., (1985), Nr. 26/27, S. [16-18]

Trije kralji v Slovenskih goricah (die hl. drei könige in den slowenischen weinbergen). In: Kocbek, Edvard: Dichtungen. Hrsg. u. übersetzt von William S. Heiliger. Mit einem Vorwort v. Heinrich Böll. - Hann. Münden: Chr. Gauke Verl. 1978, S. 53 * Aus: Kocbek, Edvard: Poročilo, 1969, S. 38

V drevesni skorji lik (Das Herz in der Rinde). In: Kocbek, Edvard: Aschenglut. Gedichte. Aus dem Slowenischen von Klaus Detlef Olof. - Klagenfurt, Salzburg: Wieser Verl. 1996, S. 28 * Aus: Pentagram; Kocbek, Edvard: Zbrane pesmi, 1977, Bd. 1, S. 269

V požgani vasi (Im niedergebrannten Dorf). In: Kocbek, Edvard:

Aschenglut. Gedichte. Aus dem Slowenischen von Klaus Detlef Olof. - Klagenfurt, Salzburg: Wieser Verl. 1996, S. 19 * Aus: Groza, 1963, S. 55

V požgani vasi (Im niedergebrannten Dorf). Übersetzt von Franjo Smerdu. In: Kruntorad, Paul (Hrsg.): Neue slowenische Lyrik. Ausgew. v. Paul Kruntorad. - Salzburg: Otto Müller 1971, S. 14

V požgani vasi (niedergebranntes dorf). In: Kocbek, Edvard: Dichtungen. Hrsg. u. übersetzt von William S. Heiliger. Mit einem Vorwort v. Heinrich Böll. - Hann. Münden: Chr. Gauke Verl. 1978, S. 41 * Aus: Kocbek, Edvard: Groza, 1963, S. 64; Kocbek, Edvard: Zbrane pesmi 1977, Bd. 1, S. 153

V seminarju (Im Seminar). In: Kocbek, Edvard: Aschenglut. Gedichte. Aus dem Slowenischen von Klaus Detlef Olof. - Klagenfurt, Salzburg: Wieser Verl. 1996, S. 93 * Aus: Kamen skala, 1991, S. 14

V seminarju (Im Seminar). Übersetzt von Peter Kersche. In: das pult, St. Pölten, 5. Jg., (1973), H. 4, (=H. 27), S. 27 * Unter dem Titel Vier slowenische Dichter übersetzt von Peter Kersche

V seminarju (Im Seminar). Übersetzt von Peter Kersche. In: Detela, Lev (Hrsg.): Kocbeks Lesebuch. - Klagenfurt, Laibach, Wien: Hermagoras Verl. 1997, S. 93 * Aus: Prostor in čas, 1972, S. 133

V seminarju (Im Seminar). Übersetzt von Peter Kersche. In: Sterz, Deutschlandsberg, 3. Jg., (1978), Nr. 6, S. 4

V seminarju (Im Seminar). Übersetzt von Peter Kersche. In: ZET. Das Zeichenheft für Literatur und Graphik, Heidelberg, 3. Jg., (1975), H. 11, S. 11 * Unter dem Titel Sieben Gedichte; Aus Prostor in čas, Revija za kulturna in družbena vprašanja, Ljubljana, 4. Jg., (1972), H. 3/4, S. 133

Vaja (Übung). In: Kocbek, Edvard: Aschenglut. Gedichte. Aus dem

Slowenischen von Klaus Detlef Olof. - Klagenfurt, Salzburg: Wieser Verl. 1996, S. 39 * Aus: Poročilo, 1969, S. 28

Vaja (Übung). Übersetzt von Klaus Detlef Olof. In: Kindlers neues Literatur Lexikon, München, 1990, Bd. 9, S. 549 * Suche unter Kocbek, Edvard: Das lyrische Werk; Teilübersetzung

Vaja (Übung). Übersetzt von Peter Kersche. In. Log. Zeitschrift für internationale Literatur, Wien, Nr. 9-10, 1980, S. 14

Vaja (Übung). Übersetzt von Rudolf Neuhäuser. In: Neuhäuser, Rudolf; Olof, Klaus Detlef; Paternu, Boris (Hrsg.): Auf dem grünen Dach des Windes. Slowenische Lyrik der Gegenwart. Na zeleni strehi vetra. Sodobna slovenska lirika. - Klagenfurt: Heyn 1980, S. 24-25

Veter (der wind). In: Kocbek, Edvard: Dichtungen. Hrsg. u. übersetzt von William S. Heiliger. Mit einem Vorwort v. Heinrich Böll. - Hann. Münden: Chr. Gauke Verl. 1978, S. 32 * Aus: Kocbek, Edvard: Zbrane pesmi, 1977, Bd. 1, S. 113

Visoka noč (sternenklare nächte). In: Kocbek, Edvard: Dichtungen. Hrsg. u. übersetzt von William S. Heiliger. Mit einem Vorwort v. Heinrich Böll. - Hann. Münden: Chr. Gauke Verl. 1978, S. 12 * Aus: Groza, 1963, S. 99; Kocbek, Edvard: Zbrane pesmi, 1977, Bd. 1, S. 192

Vrniti se moram (Ich muß zurückkehren). In: Kocbek, Edvard: Aschenglut. Gedichte. Aus dem Slowenischen von Klaus Detlef Olof. - Klagenfurt, Salzburg: Wieser Verl. 1996, S. 82 * Aus: Nevesta v črnem; Kocbek, Edvard: Zbrane pesmi, 1977, Bd. 2, S. 232

Vrvohodec (Der Seilkünstler). In: Kocbek, Edvard: Aschenglut. Gedichte. Aus dem Slowenischen von Klaus Detlef Olof. - Klagenfurt, Salzburg: Wieser Verl. 1996, S. 89 * Aus: Kamen skala, 1991, S. 58

Vztrajnost (Beharrung) Übersetzt von Klaus Detlef Olof. In: Neuhäuser, Rudolf; Olof, Klaus Detlef; Paternu, Boris (Hrsg.): Auf dem grünen Dach des Windes. Slowenische Lyrik der Gegenwart. Na zeleni strehi vetra. Sodobna slovenska lirika. - Klagenfurt: Heyn 1980, S. 26-27

Vztrajnost (Beharrung). In: Kocbek, Edvard: Aschenglut. Gedichte. Aus dem Slowenischen von Klaus Detlef Olof. - Klagenfurt, Salzburg: Wieser Verl. 1996, S. 74 * Aus: Nevesta v črnem; Kocbek, Edvard: Zbrane pesmi, 1977, Bd. 2, S. 165

Vztrajnost (Wie beharren vor Bäumen). Übersetzt von Peter Kersche. In: Log, Zeitschrift für internationale Literatur, 1979, Nr. 3, S. 3

Začetna (die geburt der welt). In: Kocbek, Edvard: Dichtungen. Hrsg. u. übersetzt von William S. Heiliger. Mit einem Vorwort v. Heinrich Böll. - Hann. Münden: Chr. Gauke Verl. 1978, S. 22 * Aus: Kocbek, Edvard: Zbrane pesmi, 1977, Bd. 1, S. 188

Zakaj se ne čudimo (Warum wundern wir uns nicht?). In: Kocbek, Edvard: Aschenglut. Gedichte. Aus dem Slowenischen von Klaus Detlef Olof. - Klagenfurt, Salzburg: Wieser Verl. 1996, S. 73 * Aus: Nevesta v črnem; Kocbek, Edvard: Zbrane pesmi, 1977, Bd. 2, S. 222

Zakrinkana groza (Verkapptes Grauen). In: Kocbek, Edvard: Aschenglut. Gedichte. Aus dem Slowenischen von Klaus Detlef Olof. - Klagenfurt, Salzburg: Wieser Verl. 1996, S. 59 * Aus: Žerjavica, 1974; Kocbek, Edvard: Zbrane pesmi, 1977, Bd. 2, S. 89

Zaliv (Die Bucht). [Übersetzt von Peter Kersche]. In: integral. das Forum zur ideologischen Auseinandersetzung zwischen Ost und West, Wien, 3. Jg., (1978), Nr. 1, S. 9

Zaliv (Die Bucht). In: Detela, Lev (Hrsg.): Kocbeks Lesebuch. - Klagenfurt, Laibach, Wien: Hermagoras Verl. 1997, S. 37 * Aus:

Groza, 1963, S. 65

Zaliv (Die Bucht). In: ZET. Das Zeichenheft für Literatur und Graphik, Heidelberg, 3. Jg., (1975), H. 11, S. 9 * Unter dem Titel Sieben Gedichte; Aus: Živi Orfej. Velika antologija slovenske poezije. Ljubljana 1970, S. 797-798

Zaliv (die bucht). Übersetzt von Peter Kersche. In: Das blaue Band, Klagenfurt, 4. Jg., (1979), H. 1 (=Nr. 12-13), S. 44-45

Zaliv (Die Bucht). Übersetzt von Peter Kersche. In: Entschluß, Graz, 1. Jg., (1975), H. 7, S. 347 * Aus: Živi Orfej. Velika antologija slovenske poezije. Ljubljana 1970, S. 797-798

Zaliv (meeresbucht). In: Kocbek, Edvard: Dichtungen. Hrsg. u. übersetzt von William S. Heiliger. Mit einem Vorwort v. Heinrich Böll. - Hann. Münden: Chr. Gauke Verl. 1978, S. 19 * Aus: Kocbek, Edvard: Zbrane pesmi 1977, Bd. 1, S. 163

Zamenjajte me že vendar (So wechselt mich doch endlich aus). In: Kocbek, Edvard: Aschenglut. Gedichte. Aus dem Slowenischen von Klaus Detlef Olof. - Klagenfurt, Salzburg: Wieser Verl. 1996, S. 87 * Aus: Kamen skala, 1991, S. 45

Zaspi, šumenje drevja (Schlaf ein, du Rauschen der Bäume). Übersetzt von Milena Merlak und Lev Detela. In: Detela, Lev (Hrsg.): Kocbeks Lesebuch. - Klagenfurt, Laibach, Wien: Hermagoras Verl. 1997, S. 33 * Aus: Zemlja, 1934, S. 85

Zaspi, šumenje drevja (Schlaf ein, du Rauschen der Bäume). Übersetzt von Lev Detela. In: Log, Zeitschrift für internationale Literatur, Wien, 8. Jg., (1985), Nr. 26/27, S. [16-18]

Zdaj (Jetzt). In: Kocbek, Edvard: Die Dialektik. Slowenisch - Deutsch. Übersetzt von Janez Gradišnik und Dieter Leisegang. - Frankfurt am Main: Horst Heiderhoff Verl. 1968, S. 15 * Aus: Poročilo, 1969, S. 50

Zdaj (Nun). Übersetzt von Peter Kersche. In: Detela, Lev (Hrsg.): Kocbeks Lesebuch. - Klagenfurt, Laibach, Wien: Hermagoras Verl. 1997, S. 69 * Poročilo, 1969, S. 50

Zdaj (Nun). Übersetzt von Peter Kersche. In: Ferk, Janko (Hrsg.): Nirgendwo eingewebte Spur. Eine Anthologie slowenischer Lyrik. - Wien: Edition Atelier 1995, S. 42

Zdaj (Nun). Übersetzt von Peter Kersche. In: Strutz, Jozej; Rustja, Peter (Hrsg.): Literatura - brez mejá / ohne Grenzen / senza confini. Literatura iz prostora Alpe-Jadran. Literatur aus dem Alpen-Adria-Raum .... - Klagenfurt, Laibach, Wien: Hermagoras 2000, S. 181

Zdaj (Nun). Übersetzt von Peter Kersche. In: ZET. Das Zeichenheft für Literatur und Graphik, Heidelberg, 3. Jg., (1975), H. 11, S. 9 * Unter dem Titel Sieben Gedichte

Zeleno (Grün). [Übersetzt von Lev Detela]. In: integral. das Forum zur ideologischen Auseinandersetzung zwischen Ost und West, Wien, 3. Jg., (1978), Nr. 1, S. 8 * Aus: Poročilo, 1969, S. 33

Zeleno (Grün). Übersetzt von Lev Detela. In: Detela, Lev (Hrsg.): Kocbeks Lesebuch. - Klagenfurt, Laibach, Wien: Hermagoras Verl. 1997, S. 65 * Aus: Poročilo, 1969, S. 33

Zeleno (Grün). Übersetzt von Lev Detela. In: LESEZIRKEL, 1984, Nr. 3, Beilage der Wiener Zeitung, v. 25.2.1984, Nr. 47

Zeleno (Grün). Übersetzt von Lev Detela. In: Log, Zeitschrift für internationale Literatur, Wien, 17. Jg., (1994), Nr. 66, S. [37]

Zeleno (Grün). Übersetzt von Lev Detela. In: Log, Zeitschrift für internationale Literatur, Wien, 8. Jg., (1985), Nr. 26/27, S. [16-18]

Žene gredo z dela (Frauen von der Arbeit kommend). Übersetzt von Peter Kersche. In: Ferk, Janko (Hrsg.): Nirgendwo eingewebte

Spur. Eine Anthologie slowenischer Lyrik. - Wien: Edition Atelier 1995, S. 44

Žene gredo z dela (Frauen von der Arbeit kommend). Übersetzt von Peter Kersche. In: ZET. Das Zeichenheft für Literatur und Graphik, Heidelberg, 3. Jg., (1975), H. 11, S. 9 * Unter dem Titel Sieben Gedichte; Aus: Kocbek, Edvard: Zemlja. Ljubljana 1934, S. 41

Žene gredo z dela (Frauen, von der Arbeit kommend). Übersetzt von Peter Kersche. In: Detela, Lev (Hrsg.): Kocbeks Lesebuch. - Klagenfurt, Laibach, Wien: Hermagoras Verl. 1997, S. 29 * Aus: Zemlja, 1934, S. 41
Žerjavica (Aschenglut). In: Kocbek, Edvard: Aschenglut. Gedichte. Aus dem Slowenischen von Klaus Detlef Olof. - Klagenfurt, Salzburg: Wieser Verl. 1996, S. 66 * Aus: Žerjavica, 1974

Žerjavica (Glut). Übersetzt von Peter Kersche. In: Das blaue Band, Klagenfurt, 4. Jg., (1979), H. 1 (=Nr. 12-13), S. 46

Žerjavica (Glut). Übersetzt von Peter Kersche. In: Detela, Lev (Hrsg.): Kocbeks Lesebuch. - Klagenfurt, Laibach, Wien: Hermagoras Verl. 1997, S. 79 * Žerjavica, 1974; Kocbek, Edvard: Zbrane pesmi 1977, Bd. 2, S. 85

Žerjavica (Glut). Übersetzt von Peter Kersche. In: ZET. Das Zeichenheft für Literatur und Graphik, Heidelberg, 3. Jg., (1975), H. 11, S. 11 * Unter dem Titel Sieben Gedichte; Aus: Žerjavica. Koper 1974. (Pesniški list. 24.)

Zgodba (Eine Geschichte). In: Kocbek, Edvard: Die Dialektik. Slowenisch - Deutsch. Übersetzt von Janez Gradišnik und Dieter Leisegang. - Frankfurt am Main: Horst Heiderhoff Verl. 1968, S. 23 * Aus: Poročilo, 1969, S. 60

Zvezda na čepici (Der Stern an der Kappe). In: Kocbek, Edvard: Aschenglut. Gedichte. Aus dem Slowenischen von Klaus Detlef Olof. - Klagenfurt, Salzburg: Wieser Verl. 1996, S. 27 *Aus: Groza, 1963, S. 56

EDVARD KOCBEK IM DEUTSCHEN SPRACHRAUM

Zusammengestellt in chronologischer Ordnung von Peter Kersche

Hier werden keine Übersetzungen erwähnt.

1947 Terčeg-Jug, Božena: Die slowenische Literatur in der Zeit von 1918 bis 1940. - Graz 1947. 164 Bl. 4° Maschinenschr. verfielf. Phil. Diss. * Darin u. a.: Edvard Kocbek (S. 95)

1958 Slodnjak, Anton: Geschichte der slowenischen Literatur. - Berlin: Walter de Gruyter & Co. 1958. (Grundriss der slavischen Philologie und Kulturgeschichte) * Kocbek, Edvard (S. 345-347); Kocbek wird in etlichen mehr oder weniger kompetenten Literaturabrissen und Literaturgeschichten, die später erschienen sind, erwähnt. Hier wurde aber auf die Nennung aller Arbeiten verzichtet

1965 11 05 Detela, Lev: Die Jugoslawen und der 33. PEN-Kongress. In: Die Weltwoche, Nr. 1669, v. 5.11.1965, S. 25 * Pučnik, Jože; Šalamun, Tomaž; Mihajlov, Mihajlo, Brodski, Josif Aleksandrovič; Kocbek, Edvard; Über den PEN-Kongress im Juli in Bled

1967 11 25 dis.: Die Literatur geht zu Markt. Internationales Forum für Literatur in Frankfurt - Peter Handke und ein Protestmädchen. In: Frankfurter Allgemeine Zeitung, v. 25.11.1967 * Auch über Edvards Kocbeks Lesung, der noch einigermaßen ungeschoren von den Störungen durch Provos geblieben ist; Krakar, Lojze; Heckmann, Herbert; Bingel, Horst

Papst Johannes XXIII. zum Gedenken. Ansprache. In: II. Tagung der Berliner Konferenz Katholischer Christen aus europäischen Staaten 1968, S. 20-23 * Originalbeitrag Kocbeks

1968 Zeugnis und Zeitgenossenschaft. Reden, Interviews, Briefe. Autoren: Herbert Trebs, Gerhard Desczyk, Hubert Faensen, Hans

Giesecke, Helmut Ullrich, Günter Wirth, Karl Heinz Berger, Jan Dobraczyński, György Ronay, Edvard Kocbek. Berlin: Union Verlag 1968. 157 S. * Erste Ausgabe. Über Auftrag der christlichen Schriftsteller im Sozialismus

1968 02 03 Berlin - ein sprechendes Symbol. Gespräch mit dem katholischen Schriftsteller Edvard Kocbek (SFRJ.). In: Neue Zeit. Zentralorgan der christlich-demokratischen Union Deutschlands, 24. Jg., (1968), Nr. 29, v. 3.2.1968 * Mit Photo

1969 07 25 Poethen, Johannes: Slowenischer Pegasus. In: Frankfurter Allgemeine Zeitung, v. 25.7.1969, S. 31 * Rezension: Kocbek, Edvard: Die Dialektik. Gedichte. - Frankfurt am Main: Heiderhoff-Verl. 1968

1969 11 28 Hafner, Stanislaus: Edvard Kocbek. Rundfunksendung, ÖR, Steiermark, 28.11.1969

1970 04 25 Detela, Lev: Eines Dichters Angst und Mut. In: Die Tat, Zürich, Nr. 96, v. 25.4.1970, S. 35 * Kocbek, Edvard

1974 09 27 Ströhm, Carl Gustaf: Edvard Kobcek [sic!] - slowenischer Dichter und Philosoph - 70 Jahre alt. In: Die Welt, Nr. 225, v. 27.9.1974, S. 19

1974 09 27 Ströhm, Carl Gustaf: Zum 70. Geburtstag eines slowenischen Denkers: Haß ist ihm ein Fremdwort. In: Kleine Zeitung, Klagenfurt, 75. Jg, Nr. 222, v. 27.9.1974, S. 2 u. 4 * Kocbek, Edvard

1974 09 29 Ströhm, Carl Gustaf: Wenn Kocbek ein Franzose wäre ... In: Kleine Zeitung, Klagenfurt, v. 29.9.1974, S. 5 * Erwähnt werden u. a.: Teilhard de Chardin, Emmanuel Mounier, Edvard Kardelj, Leon Bloy, Sören Kierkegaard

1975 05 22 Reissmüller, Johann Georg: Wird Kocbek es überstehen? In: Frankfurter Allgemeine Zeitung, Nr. 116, v. 22.5.1975, S. 23

1975 05 26 Böll, Heinrich: Zum Fall Kocbek. In: Frankfurter Allgemeine Zeitung, Nr. 119, v. 26.5.1975, S. 19 * Siehe zu Bölls Erklärung auch das Feuilleton in der Frankfurter Allgemeine Zeitung, v. 22.5.1975

1975 05 28 Ströhm, Carl Gustaf: Kocbek-Interview schlägt in Laibach Wellen: Keine Zukunft ohne Schuldbekenntnis. In: Kleine Zeitung, Klagenfurt, Nr. 118, v. 28.5.1975, S. 3

1975 05 29 Ströhm, Carl Gustaf: Kocbek-Interview schlägt in Laibach Wellen: Keine Zukunft ohne Schuldbekenntnis. In: Kleine Zeitung, Graz, Nr. 119, v. 29.5.1975, S. 3 * Abdruck des Gedichtes Die Dialektik [Übers. v. Peter Kersche]

1975 05 30 Ihlau, Olaf: Die ideologischen Kettenhunde werden zurückgepfiffen. Schelte für Edvard Kocbek, aber keine Kampagne gegen den jugoslawischen Autor. In: Süddeutsche Zeitung, Nr. 121, v. 30.5.1975, S. 11

1975 05 30 Ströhm, Carl Gustaf: Kocbeks Fragen an die rote Legende. In: Die Welt, Nr. 123, v. 30.5.1975, S. 21

1975 06 09 Razumovsky, Andreas: „Uninformiert" über Kocbek? Eine Antwort aus Jugoslawien. In: Frankfurter Allgemeine Zeitung, Nr. 130, v. 9.6.1975, S. 17

1975 06 10 Chalupa, Gustav: Die Affäre um den slowenischen Dichter Edvard Kocbek weitet sich aus: Antwort an Böll. „Wäre nie zurückgetreten." In: Kleine Zeitung, Graz, v. 10.6.1975, S. 5

1975 06 11 Fragen zur unrechten Zeit? Konflikt um den slowenischen Dichter Edvard Kocbek. In: Die Presse, Wien, Nr. 8156, v. 11.6.1975, S. 5

1975 06 13 Detela, Lev: „Auch unsere Revolution wird einmal degenerieren." Edvard Kocbeks Hunger nach Ehrlichkeit. In: Die Tat, Zürich, Nr. 138, v. 13.6.1975, S. 25

1975 06 18 Razumovsky, Andreas: Weiß Tito, was um ihn herum geschieht? Die Kampagne gegen Kocbek. In: Frankfurter Allgemeine Zeitung, Nr. 137, v. 18.6.1975, S. 23

1975 06 19 Ihlau, Olaf: Jugoslawiens Presse attackiert Böll. Sein Eintreten für Edvard Kocbek sei „lügnerische Besorgnis". In: Süddeutsche Zeitung, Nr. 137, v. 19.6.1975, S.

1975 06 26 Scharfe Antwort Bölls auf jugoslawische Attacken. In: Kleine Zeitung, Klagenfurt, Nr. 145, v. 26.6.1975, S. 2 * Kocbek, Edvard; Böll Heinrich

1975 06 26 Ströhm, C(arl) G(ustaf): Zeit der Behutsamkeit vorbei. Glossen. In: Kleine Zeitung, Klagenfurt, Nr. 145, v. 26.6.1975, S. 2 * Kocbek, Edvard; Böll Heinrich

1975 06 27 Ströhm, Carl Gustaf: Böll und die slowenische Passion. In: Die Welt, 27.6.1975, S. 6

1975 06 28 Eduard Kocbek - oder: das Scheitern eines christlichen Dichters in Tito-Jugoslawien. „Objektiverweise gefährlich." In: Die Furche, Wien, Nr. 26, v. 28.6.1975, S. 10

1975 06 30 AFP [Agence France Press]: Kocbek-Affäre beigelegt? In: Die Welt, Nr. 148, v. 30.6.1975, S. 13

1975 06 30 ihl [Ihlau, Olaf]: „Epilog" im Fall Kocbek. In: Süddeutsche Zeitung, v. 30.6.1975

1975 07 04 Ströhm, Carl Gustaf: „Auch unsere Revolution wird degenerieren ..." In: Kleine Zeitung, Klagenfurt, Nr. 152, v. 4.7.1975, S. 3 u. 4

1975 07 15 Detela, Lev: Der Fall Edvard Kocbek. In: Rhein-Neckar-Zeitung, Heidelberg, Nr. 159, v. 15.7.1975, S. 2
1975 07 26 Detela, Lev: Opfer der Gleichschaltung in Jugoslawien. Der Fall Kocbek. In: Rheinische Post, Nr. 170, v. 26.7.1975 (Geist und Leben)

1975 07 26 Šalamun, Tomaž: Edvard Kocbek zum 70. Geburtstag. In: Kleine Zeitung, Klagenfurt, v. 26.7.1975, S. 27 * Originaltitel: Edvardu Kocbeku za sedemdeset let; Aus dem Slowenischen von Peter Kersche

1975 07 31 Die befürchtete Absage: Kocbek nicht nach Tainach. In: Kleine Zeitung, Klagenfurt, Nr. 175, v. 31.7.1975, S. 2

1975 07 31 Dr. Edvard Kocbek kommt nicht nach Tainach. In: Kärntner Tageszeitung, Klagenfurt, 30. Jg., Nr. 172, v. 31.7.1975, S. 2

1975 08 02 Detela, Lev: Theologie der Revolution. Edvard Kocbek darf Jugoslawien nicht verlassen. In: Die Presse, Wien, 2./3. August 1975, S. 6

1975 08 03 Detela, Lev: Maulkorb für einen Zeugen. Der Fall des jugoslawischen Schriftstellers Edvard Kocbek. In: Der Bund, Unabhängige liberale Tageszeitung, Bern, Nr. 178, v. 3.8.1975, S. 30

1975 08 05 Ströhm, Carl Gustaf: Zum verhinderten Besuch in Tainach: Kocbek - ein slowenischer Solschenizyn? In: Kleine Zeitung, Klagenfurt, v. 5.8.1975, 3 u. 4

1975 08 06 Bischof von Marburg: Keine Parallelen Kocbek - Solschenizyn. In: Kleine Zeitung, Klagenfurt, Nr. 180, v. 6.8.1975, S. 2

1975 08 20 Millard, Peter: Sloweniens verfemter Dichter. Edward Kocbek, Katholik, Partisanenführer und Exminister. In: Die Weltwoche, Nr. 33, v. 20.8.1975, S. 10

1975 08 23 Millard, Peter: Begegnung mit Edward Kocbek, dem verfemten slowenischen Dichter, Exminister und Partisanen. Konsequent bis zur Selbstaufgabe. In: Die Furche, Wien, Nr. 34, v. 23.8.1975, S. 3

1975 09 11 Draw.: Heinrich Böll geruhte ... In: Süd-Ost Tagespost, Graz, 30. Jg., Nr. 209, v. 11.9.1975, S. 14 * Unter der Überschrift pro & kontra; Edvard Kocbek

1975 09 11 Trost, Ernst: Wahrheit im Wort. In: Neue Kronen Zeitung, Wien, Nr. 5489, v. 11.9.1975, S. 3 * Böll, Heinrich; Kocbek, Edvard

1975 09 27 Detela, Lev: Theologie der Revolution. In: Arbeiterzeitung, Wien, Nr. 39, v. 27.9.1975 (AZ-Journal), S. 3-4 * Kocbek, Edvard; Gorjanc, Marko (erschoß sich Mitte August 1975); Böll, Heinrich

1975 10 00 [Rothe, Wolfgang]: Edvard Kocbek. In: ZET. Das Zeichenheft für Literatur und Graphik, Heidelberg, 3. Jg., (1975), H. 11, S. 11-12 (=Oktober 1975) * Der Artikel wurde auf Grundlage von Unterlagen, die Peter Kersche dem Herausgeber der Zeitschrift zugesandt hat, verfasst

1975 10 18 Edvard Kocbek: Ein Mann in Opposition. Das Gewissen der Revolution. In: Der Kurier, Wien, v. 18.10.1975, S. 31

1976 02 09 dpa [Deutsche Presse Agentur]: Neue Polemik um Edvard Kocbek. In: ?, v. 9.2.1976

1976 04 23 Hory, Ladislaus: Halbe Freiheit. Schriftsteller in Jugoslawien zwischen Pressefreiheit und Ausweisung. In: Rheinischer Merkur, Köln, Nr. 17, v. 23.4.1976, S. 17 * Edvard Kocbek, ein herausragender christlicher Dichter, der im vergangenen Jahr im Ausland ein Interview gab, in dem er die Titopartisanen in ihrem Verhalten gegenüber ihren einstigen christlichen Verbündeten im Kampf gegen die deutsche Besatzung vehement kritisierte, wird vorgeworfen, Handlangerdienste für westliche Geheimdienste zu leisten. Nach Äußerungen des früheren Ministerpräsidenten Mitja Ribičič habe Kocbek mit dem Schicksal Solschenizyns zu rechnen.

1977 Barac, Antun: Geschichte der jugoslavischen Literaturen von den Anfängen bis zur Gegenwart. Unter Mitwirkung von Miodrag Vukić aus dem Serbokroatischen übertragen, bearbeitet und herausgegeben von Rolf-Dieter Kluge. - Wiesbaden: Otto Harrassowitz 1977. * Kocbek, Edvard S. 277 (wird zwar erwähnt, aber vielen unbedeutenden, politisch aber genehmen Autoren, widmet man weitaus mehr Aufmerksamkeit)

1977 09 27 dpa [Deutsche Presse Agentur]: Edvard Kocbeks Gedichte. In: Die Welt, 27.9.1977

1977 Böll, Heinrich: Einmischung erwünscht. Schriften zur Zeit. Sammlung publizistischer Arbeiten, erschienen 1977. * Darin u. a.: Zum Fall Kocbek

1978 „Objektiverweise gefährich" In: Sterz, Deutschlandsberg, 3. Jg., (1978), Nr. 6, S. 5 * Edvard Kocbek

1978 08 02 F.A.Z.: Hinweis. Von Edvard Kocbek, dem wohl bedeutendsten slowenischen Dichter des 20. Jahrhunderts, ist jetzt eine Gedicht-Auswahl erschienen. In: Frankfurter Allgemeine Zeitung, Nr. 164, v. 2.8.1978, S. 20

1978 11 21 Detela, Lev: Ein Stenogramm des Leidens. Edvard Kocbeks „Dichtungen" - Eingeleitet von Heinrich Böll. In: Rhein-Neckar-Zeitung, v. 21./22. 11. 1978, S. 2. * Rezension des Buches: Edvard Kocbek: Dichtungen. Auswahl, Übersetzung und Einleitung von William S. Heiliger. Mit einem Vorwort von Heinrich Böll. - Hann. Münden: Chr. Gauke Verlag 1978. 60 S.

1978 Böll, Heinrich: Zum Fall Kocbek. In: Kocbek, Edvard: Dichtungen. Auswahl, Übersetzung, Einleitung von William S. Heiliger. - Hann. Münden: Chr. Gauke Verl. 1978, S. 3-4

1978 Detela, Lev: „Auch unsere Revolution wird einmal degenerieren." In: Sterz, Deutschlandsberg, 3. Jg., (1978), Nr. 6, S. 9 * Edvard Kocbek

1978 Detela, Lev: Ethik als Mittel zum Widerstand gegen politische Manipulation. Edvard Kocbek Widerstandskämpfer und Christ in Jugoslawien. In: integral. das Forum zur ideologischen Auseinandersetzung zwischen Ost und West, Wien, 3. Jg., (1978), Nr. 1, S. 3-8

1979 09 27 Detela, Lev: Zum 75. Geburtstag von Edvard Kocbek. Widerstand gegen die politische Manipulation. In: Volkszeitung, Klagenfurt, Nr. 222, v. 27.9.1979, S. 21

1979 09 28 Detela, Lev: Widerstand gegen politische Manipulation. Zum 75. Geburtstag Edvard Kocbeks. In: Rhein-Neckar-Zeitung, Heidelberg, Nr. 225, v. 28.9.1979, S. 2

1979 10 02 „Das blaue Band 12/13": Mit Jubilant Kocbek. In: Kleine Zeitung, Klagenfurt, Nr. 225, v. 2.10.1979, S. 18

1979 12 29 Ströhm, Carl Gustaf: Djilas über 1945: Morde an Ausgelieferten sinnlos. In: Kleine Zeitung, Klagenfurt, 29.12.1979, S. 3-4* Kocbek, Edvard

1979 Kersche, Peter: Die slowenische Literatur in deutschen Übersetzungen 1945 bis 1978. In: 10. Kärntner Kulturtage. Almanach der Vorträge.15. - 17.2.1979. - Klagenfurt: Janko Zerzer 1979, S. 130-136 * Der österreichische Schriftsteller Christian Wallner hat in seinen Text „Das Institut" (veröffentlicht in den Manuskripten, Graz, 14. Jg., (1975), H. 46, S. 50) Edvard Kocbeks Gedicht „Im Seminar" in der Übersetzung von Peter Kersche eingearbeitet. S. 135, Anmerkung 3 und 4

1980 Balzer, Bernd (Hrsg.): Heinrich Böll Werke. Essayistische Schriften und Reden 3. 1973-1978. - Köln: Kiepenheuer & Witsch 1980, S. 238-239 * Zum Fall Kocbek

1980 Detela, Lev: Gegen die Massenproduktion von Knechten. Zur Gründung der nonkonformistischen jugoslawischen Zeitschrift „Die Uhr". In: integral, Wien, 5. Jg., (1980), Nr. 2, S. 23 * Kocbek, Edvard

1980 Razumovsky, Andreas Graf: Ein Kampf um Belgrad. Tito und die jugoslawische Wirklichkeit. - Berlin, Frankfurt am Main, Wien: Ullstein 1980. * Erwähnt werden im Zusammenhang mit Kocbek folgende Namen: Vidmar, Josip S. 252; Javoršek, Jože 252; Breitbach, Joseph (dt. Schriftsteller, 1903-1980) 252 f.; Pahor, Boris 252; Böll, Heinrich (Schriftsteller, Nobelpreisträger) 253

1981 02 25 Vospernik, Reginald: Erstmals ist eine slowenisch-deutsche Lyrikanthologie erschienen. Auf dem grünen Dach des Windes. In: Die Furche, Wien, 25.2.1981, S. 9 * Erwähnt werden u. a.: Rudolf Neuhäuser, Boris Paternu, Klaus Detlef Olof, Danijela Sedej, Valentin Oman, Edvard Kocbek, Anton Slodnjak, Prežihov Voranc

1981 04 03 Detela, Lev: Kritische jugoslawische Intellektuelle in Bedrängnis. Die kommunistische Partei läßt keinerlei Abweichungen von der offiziell verkündigten Linie aufkommen. In: Der Bund, 3.4.1981, S. 4 (=Nr. 78). * Erwähnt wird u. a. Edvard Kocbek

1981 04 25 Detela, Lev: Die Krise der jugoslawischen Kultur. Mit der Politik der Repressionen. In: Volkszeitung, Klagenfurt, Nr. 94, v. 25.4.1981, Journal am Wochenende * Tito; Praxis (Philosophenzeitschrift); Petrovic, Gajo; Kangrga, Milan; Jovanovic, Dusan; Djilas, Milovan; Kardelj, Edvard; Kocbek, Edvard

1981 11 06 Laibach: Edvard Kocbek gestorben. In: Kleine Zeitung, Klagenfurt, Nr. 257, v. 6.11.1981, S. 6

1981 11 10 cvk: Slowenischer Politiker und Dichter Edvard Kocbek tot. In: Die Presse, Wien, v. 10.11.1981, S. 2

1981 11 11 Detela, Lev: In memoriam Edvard Kocbek. In: Die Presse, Wien, v. 11.11.1981, S. 5

1981 11 13 Detela, Lev: Edvard Kobcek [sic!] gestorben. In: Arbeiterzeitung, Wien, v. 13.11.1981

1981 Detela, Lev: Kulturpolitik auf jugoslawisch. Repressionen gegen die kriischen Intellektuellen. In: integral, Wien, Nr. 4, 1981, S. 14-15 * Kocbek, Edvard

1982 Broda, Ina Jun: In memoriam Edvard Kocbek. In: Podium, Wien, 1982, H. 1, S. 26 (=Nr. 43) * Erwähnt u. a. auch Šalamun, Tomaž, Zagoričnik, Franci

1982 Kocbek, Edvard In: Der Fischer Weltalmanach 1983. - Frankfurt am Main: Fischer Taschenbuch Verl. 1982, Sp. 975 f. 3.11.1981 (Verstorbene Persönlichkeiten)

1982 Kocbek, Edvard In: Meyers Jahresreport 1982. Was war wichtig? 1.7.1981 - 30.6.1982. Hrsg. v. der Lexikonredaktion des Bibliographischen Instituts. - Mannheim, Wien, Zürich: Bibliographisches Institut 1982, S. 155 (verstorbene Persönlichkeiten)

1983 12 17 Detela, Lev: Vexierbilder aus schlechteren Zeiten. Für die slowenische Kulturszene ist das Tauwetter zu Ende gegangen. In: Die Presse, v. 17./18. 12. 1983, S. III. * Im „spectrum" (Beilage der Presse); Edvard Kocbek wird u. a. erwähnt

1984 11 03 L. D. [=Lev Detela]: Lyriker & Lehrer. In: Kleine Zeitung, Klagenfurt, v. 3.11.1984, S. 22 * Kocbek, Edvard; Böll, Heinrich

1984 Kocbek, Edvard (Dichter, Foto) In: Pust, Ingomar: Titostern über Kärnten 1942-1945. Totgeschwiegene Tragödien, Klagenfurt 1984, S. 203

1985 01 13 Ströhm, Carl Gustaf: Konfrontation in Slowenien über Weißgardisten. In: Kleine Zeitung, Klagenfurt, v. 13.1.1985, S. 3 u 5 * Kocbek, Edvard; Vidmar, Josip; Gottschee; Markic, Stane; Hribar, Spomenka (Schriftstellerin)

1985 01 18 Ströhm, Carl Gustaf: Slowenien ringt um die Bewältigung der Vergangenheit. In: Kleine Zeitung, Klagenfurt, v.

18.1.1985, S. 3-4 * Gottschee; Hornwald; Kocbek, Edvard

1988 Kocbek, Edvard In: Der Literatur Brockhaus. Hrsg. u. bearb. v. Werner Habicht, Wolf-Dieter Lange u. der Brockhaus-Redaktion, Mannheim 1988, 2. Bd., S. 380

1988 Kocbek, Edvard In: Lexikon der Weltliteratur. Biographisch-bibliographisches Handwörterbuch nach Autoren und anonymen Werken. Hrsg. v. Gero Wilpert. - München: Deutscher Taschenbuch Verl. 1997, Bd. 1, S. 810 * Lizenzausgabe der 3., neubearb. Aufl. 1988 Alfred Kröner Verl., Stuttgart; der Artikel stammt von Pribić, Nikola (Tallahassee, Florida)

1988 Olof, Klaus Detlef: Slowenisch-kroatische Literaturbeziehungen am Beispiel Edvard Kocbek - Slavko Mihalić. In: Sodobni slovenski jezik, književnost in kultura, Ljubljana, 1988, S. 89-102

1989 Kocbek, Edvard (wird erwähnt) In: Tomizza, Fulvio: Das Liebespaar aus der via Rosetti. Roman. - München, Wien: Hanser 1989, S. 27 * Originaltitel: Gli sposi di via Rossetti

1990 Olof, Klaus Detlef: Edvard Kocbek: Das lyrische Werk. In: Kindlers neues Literatur Lexikon, München 1990, Bd. 9, S. 548-549

1990 Prašelj, Nada: Kocbek, Edvard: Furcht und Mut (Strah in pogum) In: Kindlers Neues Literatur Lexikon, München 1990, Bd.9, S. 550

1990 Scherber, Peter: Kocbek, Edvard: Kameradschaft (Tovarišija). In: Kindlers Neues Literatur Lexikon, München 1990, Bd. 9, S. 551

1994 Detela, Lev: Der ungewöhnliche slowenische Visionär. Zum 90. Geburtstag von Edvard Kocbek. In: Log, Wien, 17. Jg., (1994), Nr. 66, S. [35-36]

1996: Paternu, Boris: Nachwort. In: Kocbek, Edvard: Aschenglut:

Gedichte. Aus dem Slowen. von Klaus Detlef Olof. Nachw. von Boris Paternu. - Klagenfurt; Salzburg: Wieser 1996, S. 101-122

1997 Böll, Heinrich: Zum Fall Kocbek. In: Detela, Lev (Hrsg.): Kocbekovo berili. Kocbeks Lesebuch. - Klagenfurt, Laibach, Wien: Hermagoras Verl. 1997, S. 176 ff.

2003 03 10 Wörsdorfer, Rolf: Tu felix Slovenija. Zur Geschichte und Literatur einer kleinen Nation. In: Frankfurter Rundschau, Nr. 58, v. 10.3.2003, S. 12 *Erwähnt werden u. a.: Kocbek, Edvard; Prešeren, France; Voranc, Prežihov; Vraz, Stanko

2003 11 10 Rademacher, Christina: Europa ist nichts Ideales. Ein Blick auf die slowenische Literatur. Erwartungen, die Autorinnen und Autoren an einen Beitritt Sloweniens zur EU knüpfen. Drago Jancar im SN-Gespräch. In: Salzburger Nachrichten, v. 10.11.2003, Nr. 259, S. 11 * Erwähnt werden u. a.: Edvard Kocbek, Dane Zajc, Drago Jančar, Tomaž Šalamun

2005 Baum, Wilhelm: Kocbek, Edvard. In: Biographisch-Bibliographisches Kirchenlexikon, Nordhausen: Verl. Traugott Bautz, Bd. XXIV

INHALTSVERZEICHNIS